El crash del 2010

Sin fronteras

Santiago Niño Becerra

El crash del 2010

Toda la verdad sobre la crisis

los libros del lince

Diseño de colección y cubierta: Lucrecia Demaestri

Primera edición: marzo de 2009
Primera reimpresión: abril de 2009
Segunda reimpresión: abril de 2009
Tercera reimpresión: abril de 2009
Cuarta reimpresión: abril de 2009
Quinta reimpresión: mayo de 2009
Sexta reimpresión: mayo de 2009
Séptima reimpresión: mayo de 2009
Octava reimpresión: junio de 2009

Gran Via de les Corts Catalanes, 465, principal 2.ª
08015 Barcelona
www.loslibrosdellince.com
info@loslibrosdellince.com
http://elcrashde2010.loslibrosdellince.com

ISBN: 978-84-937038-0-6
Depósito legal: B. 23.242-2009

Para Lourdes, y Pol

AGRADECIMIENTOS

Mi más profundo agradecimiento a todas aquellas personas físicas y jurídicas que, de una u otra manera, han contribuido a la realización de esta obra.

En consecuencia, si usted considera que lo anterior le atañe, considere, también, que hasta usted está llegando mi reconocimiento.

Y mi reconocimiento para una persona en especial: un economista eterno merecedor (pienso yo) del Premio Nobel de Economía, que, sin embargo, nunca se le concedió: John Kenneth Galbraith (1908-2006), alguien que vivió en primera línea la Gran Depresión y autor de la mejor crónica de la formación de la crisis más virulenta del siglo XX: *The Great Crash, 1929*.

En este siglo, menos de un cinco por ciento de la población producirá los bienes y servicios que consuma el resto, así que no necesitamos una fuerza laboral masiva.

JEREMY RIFKIN
Human 2001
III Congreso Nacional de Recursos Humanos
y Capital Intelectual
Madrid, 20-21 de marzo de 2001

ÍNDICE

PRÓLOGO

Quand au hasard des jours
Je m'en vais faire un tour
À mon ancienne adresse
Je ne reconnais plus
Ni les murs, ni les rues
Qui ont vu ma jeunesse.
En haut d'un escalier
Je cherche l'atelier
Dont plus rien ne subsiste
Dans son nouveau décor
Montmartre semble triste
Et les lilas sont morts.

«La Bohème»
CHARLES AZNAVOUR (1965)

Estimado lector:

Pienso que, cuando se planteó la lectura de estas páginas, usted se hizo dos preguntas: ¿qué va a contar este libro? y ¿qué voy a encontrar en él? En estas primeras líneas voy a tratar de ofrecer una aproximación a sus respuestas (las posibles, claro: nunca se tiene la certeza completa ante una pregunta).

En primer lugar: lo que cuenta este libro es «dónde estamos» y «por qué hemos llegado hasta aquí». Me explico. Aunque por los medios de comunicación (cualquier medio de comunicación de cualquier país) pueda llegarse a la conclusión de que las cosas suceden a partir del capricho de las personas poderosas, al chasquido de cuyos dedos se construyen imperios y derriban ciudades, lo cierto es que muy pocas cosas importantes —por no decir ninguna— se dejan al azar o dependen de los malos humores con que esas personas poderosas puedan despertarse una mañana (otro asunto es que se pretenda transmitir esa idea).

Nosotros, la humanidad, nuestros vecinos y amigos, todos, hemos llegado a donde estamos debido a que un buen día, hace diez mil años, a una serie de personas que deambulaban por el norte de Mesopotamia se les ocurrió que podían establecerse en un lugar y tratar de obtener por ellas mismas, a través de unos procesos que reproducían los de la naturaleza, las plantas que hasta ese momento habían ido recolectando en su deambular; poco tiempo después repitieron la experiencia con algunos animales. Estaban naciendo la agricultura y la ganadería, lo que posibilitó algo muy importante: el paso del nomadismo al sedentarismo.

A partir de ahí se pusieron en marcha una serie de dinámicas cada vez más complejas, cada vez más sofisticadas, unas dinámicas que iban implicando cada vez más territorios, más culturas, y requerían una mayor y más elaborada organización; unas dinámicas que —y esto es lo verdaderamente fundamental— eran capaces de generar un mayor valor económico y que, como contrapartida, precisaban un mayor consumo de valor económico. Por *valor* puede entender usted lo que prefiera: *riqueza*, *dinero*, *bienes*, *producción* o ese concepto que hoy con tanta profusión se utiliza: producto interior bruto (PIB).

El Imperio romano, el Imperio carolingio, el Imperio británico, el español o, más modernamente, el soviético y el estadounidense, en su momento fueron y han sido poderosos porque fueron y han sido capaces de generar una enorme cantidad de valor económico, de alcanzar unos volúmenes de producción espectaculares; cómo lo hicieron y lograron y sus implicaciones no importa; lo único indiscutible es que esas potencias marcaron un camino evolutivo, fijaron una senda por la que el resto de culturas y civilizaciones tuvieron que caminar, de buen grado o de forma forzada; tampoco importa eso ahora.

Resumiendo: la dinámica histórica no es algo que haya ido sucediendo al azar; cada paso, cada hecho trascendental ha respondido a unas necesidades, se ha llevado a cabo en el momento conveniente por las personas adecuadas, y ha tenido unas implicaciones que han determinado todo lo que ha acontecido después. Cuando el 15 de junio del año 1215 la nobleza inglesa obligó al rey Juan, un normando, a firmar la Magna Charta, cierto es que estaba lavando un siglo de afrentas, pero la firma de ese rey significó el principio del fin de un sistema económico que llevaba tres siglos en funcionamiento: el feudalismo.

Eso que hemos denominado *dinámica histórica* —lo ha adivinado— no es una línea continua e infinita: se halla dividida en fragmentos, en etapas, y en cada una de ellas todas las cosas se hacen de una determinada manera de acuerdo con unas reglas que, en el fondo, son bastante simples. Siguiendo con el ejemplo anterior, ese acto de fuerza de la nobleza inglesa no fue gratuito, sino parte de una contra-dinámica por la que se comenzaron a cuestionar con la razón las verdades inmutables que la fe estaba obligando a aceptar desde hacía mil años, en la que el poder cotidiano —la nobleza— comenzó a cuestionar también los caprichos de unos reyes cada vez más alejados de los problemas del día a día, y en la que la realeza empezó a cansarse de que la Iglesia tuviese que legitimar todos sus actos para que gozaran de fuerza legal.

La firma de la Magna Charta se encuadra en un tránsito: en el paso de la fe como razón única y última a la razón como fuente de verdad; por tanto, es parte de una transición de sistema, transición que hubiese sido imposible sin el auge económico que en el norte de Europa supuso la expansión de la Hansa a partir de mediados del siglo XVIII, y si Felipe IV de Francia no hubiera impuesto el concepto de poder central soberano.

Estábamos en la respuesta a la primera pregunta. Lo que cuenta este libro es en virtud de qué estamos donde estamos; pero no partiremos del Imperio carolingio, sino de un hecho mucho más reciente pero que tuvo una importancia semejante a la firma del documento que la nobleza inglesa obligó a firmar al rey Juan: el crash de 1929 y la Depresión de los años treinta, la Gran Depresión. Partiremos de ese momento porque fue crucial: el mundo no sería como es si no hubiese tenido lugar la Gran Depresión, un hecho tremendo y, sin embargo, inevitable. Hablaremos de esto.

Segunda pregunta: lo que va a encontrar en este libro. Es mi intención, mi deseo, que en este libro encuentre la explicación de lo que hoy, ahora, está sucediendo a nivel económico y social, la explicación de por qué el sistema actual ha llegado al punto en que se halla, y la plasmación de las tendencias por las que, en función de la evolución habida hasta estos momentos, la economía y la sociedad postglobal en la que vivimos van a transitar.

Usted lleva tiempo recibiendo noticias de que «las cosas no van bien»: cada vez mayor desempleo, creciente número de compañías que suspenden su actividad, entidades financieras con problemas, volatibilidad bursátil en aumento, incertidumbre, descontento, poder adquisitivo a la baja, práctica imposibilidad de obtener un crédito financiero, precios que suben más de lo que usted percibe que suben sus ingresos, cotizaciones monetarias que oscilan y oscilan, conglomerados empresariales que se tambalean, gobiernos que nadan en la incertidumbre...

Usted es consciente de que desde hace un tiempo este tipo de noticias han ido en aumento, si bien no recuerda cuándo comenzaron exactamente; le saco de la duda, aunque, en el fondo, no es demasiado importante: fue en septiembre de 2007, cuando salió a la luz la gigantesca problemática económica que un producto financiero, las llamadas hipotecas de alto riesgo, las *subprime*, llevaban tiempo creando. A partir de aquí empezó a generarse una maraña de deudas impagables, capacidades de endeudamiento agotadas, fuentes crediticias cerradas, desconfianza, temor, caída de la actividad económica, miedo social, desempleo...

Esta evolución está conduciéndonos a una crisis de proporciones gigantescas, estructuralmente muy parecida a la Depresión de los años treinta, a un crash que en 2010 reproducirá la situación de derrumbe que se produjo en 1929. Un crash, una crisis por otro lado inevitable, porque es parte de la evolución en la que la dinámica histórica lleva inmersa diez mil años.

Ciertamente, desde 1950 hemos vivido muy bien, en Occidente mejor, claro: la edad dorada y, luego, los felices 2000, como los felices años veinte, sí. Pero las cosas se acaban; no por nada mágico, sino porque lo que vivimos forma parte de la evolución de esas mismas cosas. Magistralmente lo expresa Charles Aznavour en «La Bohème»: «Montmartre semble triste / Et les lilas sont morts». Al igual que para aquel pintor que hace años vivió intensamente una pasión en un barrio repleto de lilas, nuestro barrio parece ahora distinto, y las flores, marchitas. La evolución de las cosas, de nuestras cosas, nos ha llevado a un punto de ruptura trágico pero inevitable.

Será duro, durísimo, pero se superará, ¡evidentemente! No será el fin del mundo: nunca lo es; pero las cosas, nuestras cosas, nunca volverán a ser como fueron. Eso ya no es posible, es consecuencia de la evolución, es parte del precio que hay que pagar por ésta. Y ese precio supondrá que no volvamos a sentir un Montmartre igual de dichoso a como lo sentimos, ni a percibir las lilas en todo su esplendor.

IRLANDA

In Dublin's fair city,
Where girls are so pretty,
I first set my eyes on sweet Molly Malone,
As she pushed her wheelbarrow
Through streets broad and narrow,
Crying, «Cockles and mussels, alive, alive oh!»

«Molly Malone»
JAMES YORKSTON (1880 aprox.)

LO QUE ESTAMOS VIENDO; LO QUE PODEMOS PERCIBIR

Si tuviéramos que empezar esta historia por el principio deberíamos remontarnos a 1815. Evidentemente, no vamos a hacerlo: ni yo dispongo de espacio ni ustedes, seguramente, de tiempo, pero valga un apunte sobre ese pasado. (Por cierto, ¿qué historia? Pues la historia del sistema económico en el que nos movemos: esa cosa que un día fue denominada sistema capitalista, aunque ya nadie lo denomine así.)

En 1815, en Viena tuvo lugar una reunión que marcó los casi dos siguientes siglos. Las guerras napoleónicas (siete, nada menos), desde 1792, habían ido sumiendo a Europa en una especie de catarsis que tan sólo funcionó a medias. (El ejemplo lo tenemos en España: la guerra de la Independencia: un arabesco lateral del puzzle europeo.)

Unas décadas antes, la burguesía, harta de las veleidades de una monarquía despótica y de una nobleza absentista que concentraba todo el poder político sin permitir la más mínima libertad (económica tampoco, claro), se había rebelado contra ese estado de cosas. En el ámbito político perdió, pero en el económico consiguió que las monarquías reunidas en Viena le concediesen el plácet para «ir haciendo sus cosas» (a cambio de que dejaran en paz a los reyes y a los suyos); fruto de eso nació el sistema capitalista.

Los sistemas económico-sociales son elementos muy curiosos: con ligerísimas variaciones, todos tienen una duración de 250 años, todos se caracterizan por modos de hacer específicos (lo que se denomina *el modo de producción*: hablaremos de eso más adelante), cada uno es evolución del anterior, en todos se han producido crisis más o menos importantes y crisis que afectan de forma irreversible a la esencia del sistema: las denominadas *crisis sistémicas*; y todos finalizan con una supercrisis que arrasa todo lo anterior y que sume el presente, durante al menos un par de décadas, en la negrura más absoluta; siempre ha sido así. Se lo adelanto: la crisis que se iniciará con el crash que da título a este libro, la crisis del 2010, no será una crisis de final de sistema, pero sí una crisis sistémica, una más de las dieciocho que se han producido en los últimos dos mil años; deducirán, por tanto, que lo que viene no es cualquier cosa.

Si un sistema muere sumido en el caos y de ese caos emerge el siguiente, se podrán imaginar cómo fue, allá por 1820, el nacimiento del sistema capitalista: un horror; auténtico, total; nada que ver con lo que estamos viviendo. Ahora bien, si trajésemos al presente a aquellos primeros burgueses de Manchester o de Brujas que malvivían para reinvertir todo lo que ganaban, o a aquellos primeros proletarios sumidos en la más absoluta miseria, sin esperanza ni futuro, literalmente no creerían lo que estarían viendo, no creerían lo bien que hoy se vive en Manchester y en Brujas, no entenderían que a lo que hoy está sucediendo lo denominemos crisis. ¿Por qué?

En última instancia, la intensidad de una crisis es, en gran medida, una cuestión de percepción, y la percepción siempre se halla matizada por numerosos parámetros, entre ellos el estado en que se encuentra la economía: la del país, la macroeconomía, claro, pero sobre todo la personal en el momento en que la situación de crisis se manifiesta. También abordaremos más adelante este punto.[1]

En Dorset, un condado del sudoeste de Inglaterra, en la localidad de Tolpuddle, existe un museo cuyo nombre ya dice mucho: Tolpuddle Martyrs Museum. Recoge la historia de un grupo de residentes en la zona que, entre 1829 y 1830, se levantaron contra una situación de explotación laboral insostenible; diecinueve fueron ejecutados y más de quinientos fueron deportados a Australia. La represión se produjo porque entonces estaba prohibida la protesta contra las condiciones de trabajo: si un empleado no estaba conforme con sus condiciones laborales sólo podía abandonar su puesto; el hecho de que en otro taller manufacturero las condiciones fueran las mismas, o peores, poco importaba. Y ¿cómo eran las condiciones de trabajo?

En la década de 1840, un obrero inglés podía percibir un salario semanal medio de entre 9 y 10 chelines. Los gastos mínimos, absolutamente mínimos, de una familia ascendían a 13 chelines y 9 peniques, por lo que era incuestionablemente imprescindible que varios miembros de la familia trabajasen (se recomendaba que lo hicieran los niños a partir de los nueve años).[2]

Hoy, de un mes para otro es posible percibir cambios de toda índole; antes no; antes, las cosas podían permanecer inalteradas durante décadas. Lo expuesto en el párrafo anterior era fruto de una situación en la que la estructura del gasto personal era muy semejante a la existente un par de siglos atrás. Evidentemente, ninguna semejanza puede encontrarse entre esa estructura de gasto del siglo XVII y una de finales del XX. Veamos.

En 1688, en Inglaterra, la alimentación se llevaba el 25,7 % de los ingresos de un ciudadano medio (el 6,5 % en 1996); a vestido y calzado la ciudadanía dedicaba el 19,2 % de sus ingresos (el 3,7 % tres siglos después); vivienda, educación, salud, transporte y ocio ocupaban el 9,8 % de las rentas medias (el 49,9 % a finales del siglo XX). En gran medida, ello era debido a que, en 1688 y medido en dólares de 1990, el producto interior bruto per cápita (PIB pc) inglés ascendía a 1.411 dólares, mientras que en 1996 alcanzó los 17.891.[3]

Evidentemente, en los cambios experimentados por la estructura de gasto ha influido el aumento habido a lo largo de esos años en el PIB pc, pero otros elementos han influido más que eso: el crédito y el sector servicios.

Fíjense en el gráfico 1 del «Anexo 1»: muestra, por años y sectores, la población ocupada en Estados Unidos. Reparen: el sector agrario, omnipresente a principios del siglo XIX, ha hundido su necesidad de factor trabajo casi hasta cero, de tal modo que puede decirse que hoy la agricultura estadounidense es, en realidad, puro capital. El sector industria alcanza un máximo parcial hacia 1850, otro máximo parcial en 1950 y, a partir de este punto, declina con más o menos altibajos. Sin embargo, el sector servicios muestra desde el inicio una senda imparable al alza. Y aquí viene lo mágico: un sector que produce elementos inmateriales ocupa a una creciente población activa desplazada de los sectores productores de bienes tangibles y materiales.

Volviendo al Reino Unido, la evolución de los ingresos medios de la ciudadanía británica ha sido asombrosa: 1.706 dólares[4] en 1820; 3.190 en 1870; 4.921 en 1913. En 1950, 6.939; 12.025 en 1973; 20.127 en 2001.[5] Tal evolución ha sido posible por el espectacular aumento habido en la productividad, pero sobre todo por el espectacular incremento que ha experimentado el endeudamiento de compañías, familias y personas en los últimos sesenta años, especialmente en los últimos veinte.[6]

La pregunta, por tanto, la verdadera pregunta, la pregunta fundamental, no es si tal o cual tecnología es más o menos eficiente. La pregunta con mayúsculas es la que inquiere por el mecanismo que consigue la vinculación entre producción de bienes y servicios, consumo, ingresos y endeudamiento. Y ese mecanismo existe: el subsector financiero.

El subsector financiero es hoy un gigante aquejado de gigantismo: actualmente todo es financiero, todo está tocado por lo financiero. Lo financiero posibilita la inversión, anticipa y paga aplazadamente el consumo, mueve los capitales alrededor de planeta, asegura inversiones, cobros, pagos, apalanca riesgos, cubre compras, emite medios de pago. En este mundo, al final de la película todo son meras estimaciones imposibles de contrastar: se dice que, por cada dólar que se mueve en el mundo sustentado por la economía real, se mueven 300 en la financiera, se cuenta que sumando todas las formas y manifestaciones del subsector financiero, el volumen que alcanza un monto resultante equivale a entre 25 y 30 veces el PIB del planeta. «Se dice», «se cuenta»: prácticamente todo son estimaciones, porque se trata de un mundo del que la mayor parte de lo que se conoce son imágenes parciales, retazos de información, rumores, suposiciones.

En mayor o menor medida, en todos los países y en todas las economías la penetración de lo financiero ha sido imparable, mayor cuanto más desarrollado era el país; penetración que, absolutamente siempre, tiene su reflejo en el mundo real. Nuestra percepción del mundo es material, tangible, pero, al estar imbricada por la virtualidad de lo financiero, tal realidad equivale a las sombras de la caverna platónica, de modo que lo financiero pasa a parecer más real que la realidad. Aunque en todas partes esa pujanza ha sido imparable, posiblemente sea Irlanda el país en el que más rápida e intensamente se ha producido.

En 1960 Irlanda era una de las economías más pobres de Europa; igualando a 100 la renta per cápita media europea,[7] a Irlanda le correspondía una renta en 60,8 (a España, un 60,3). En 1970 poco habían variado las cosas, aunque a peor, para Irlanda: 59,5 (España: 74,7). En 1980, ligera mejora irlandesa: 64,0 (España: 74,2). Poca variación doce años después, en 1992: 68,9 para Irlanda (79,9 para España). La economía irlandesa parecía absolutamente estancada: en treinta y dos años su renta per cápita tan sólo había mejorado 8,1 puntos respecto a la media europea; en cambio, la española había avanzado 19,6 puntos.

En 1991 y medido en ecus (el antecedente del euro), mientras que el PIB pc medio europeo ascendía a 15.432, el irlandés alcanzaba los 10.315, y el español, los 11.964, pero entre 1993 y 1994 algo sucedió. En 1993, el crecimiento medio de la Unión Europea (UE) fue del –0,50%, y en 1994, del 1,25%. En los mismos años, las tasas de crecimiento irlandesas fueron del 2,25% y del 5,50% respectivamente (–0,50% y 1,25% las españolas). La irlandesa era una economía desequilibrada, de emigración histórica, pobre, pero desde mediados de los años noventa se trastocó toda la realidad del país.

Aunque con crecimientos reales apreciables de su PIB (en 1990, 8,5%), en 1991[8] quedó de manifiesto que el modelo tradicional no daba más de sí. En 1991 el incremento real del PIB de Irlanda había sido del 1,9%; sin embargo, en 1995 fue del 9,6%, y en 1996, del 8,3%; de hecho, hasta el año 2001, el crecimiento real del PIB irlandés no bajó del 6% en ningún año, una exageración; de ahí el calificativo con que fue bautizada Irlanda: «el Tigre Celta». En 2007, referenciando a 100 el PIB pc medio de los 27 miembros de la Unión Europea, el de Irlanda alcanzaba el nivel 146,3, siendo superado tan sólo por Luxemburgo: 276,4 (España, 106,9).[9] ¿Qué posibilitó que la economía irlandesa experimentase este cambio tan espectacular? ¿Qué hizo que una economía que en los 80 se hallaba arruinada y que generaba masas de emigrantes se convirtiese en una máquina de generar PIB?

El cambio arranca en 1987. El gobierno surgido de las elecciones acometió una triple política: recortó drásticamente el gasto público, promovió la competencia en numerosos subsectores y solicitó permiso a la Comisión Europea para reducir el impuesto sobre los beneficios empresariales; el gobierno irlandés obtuvo la autorización, de modo que, si en 1993 la tasa del impuesto estaba situada en el 40%, a partir de 1997 se situó en una tasa comprendida entre el 10,0% y el 12,5%.

Las consecuencias de estas políticas no se hicieron esperar.

A partir de 1987 la inversión exterior, en gran medida estadounidense, comenzó a llegar a Irlanda, y se aceleró desde 1997: entre dicho año y 2006, Irlanda, con menos de 4,5 millones de habitantes —angloparlantes— y con ansias de progreso, y en una posición privilegiada entre unos Estados Unidos en expansión y una Europa continental beneficiada por el mercado único, atrajo 88.000 millones de dólares en inversión exterior,[10] casi como Italia, con una población trece veces superior; dicha inversión exterior estaba orientada a la fabricación de bienes y a la elaboración de servicios dirigidos a la exportación. Esto, junto con un gasto público que se mantuvo reducido y el impacto que supusieron las transferencias de fondos europeos, que ascendieron al 4% del PIB irlandés, aceleró el mercado inmobiliario —16% del PIB y 12% del empleo—, cebado por una demanda en alza. El Tigre Celta se puso en marcha, comenzó a atraer emigración —polaca y rusa, en gran medida— y a ejercer un efecto retorno para irlandesas e irlandeses emigrados en años anteriores. De ensueño, ¿no?

En el verano de 2007, mi esposa y yo buscábamos tranquilidad y la encontramos en Irlanda: en un *resort* situado junto a Bodyke, un pueblo (lo de pueblo es un decir) del condado de Clare, una zona que se encuadra en la parte centro-oeste del país. A pesar de desear desconectar de la realidad, del día a día, me resultó imposible no fijarme en si Irlanda sería como lo que las estadísticas decían que era: el miembro de la UE con el PIB pc más elevado de los 27 después de Luxemburgo. La pregunta que me hice en cuanto aterrizamos en Dublín: ¿se correspondería ese PIB pc con lo que se vería en las calles de las localidades y en las carreteras del país?, ¿se correspondería con lo que se percibiría hablando con las gentes de la república? Al final de nuestra estancia la respuesta fue un no rotundo; rotundo y sin matices.

En Irlanda, como en todas partes, ese PIB pc es el resultado de dividir el PIB entre la población total del país, pero la distribución y la manifestación de ese PIB no casa con el estándar de vida de los irlandeses. Podría contarles muchas cosas al respecto pero, a fin de no ocupar demasiado espacio, voy a contarles tan sólo una.

En la carretera de Limerick a Tarbert hay un museo que vale la pena visitar: el museo que recoge la historia del puerto de hidroaviones de Foynes, de cuando, en los años treinta, la localidad era destino y punto de partida de una línea aérea que unía Estados Unidos con Irlanda. Tras recorrer el museo nos enteramos de que en Loughill, el municipio más cercano a Foynes, dirección a Tarbert, se hallaban unos jardines espectaculares de visita imprescindible, y hacia allí nos dirigimos.

Llegando a la localidad, nos sorprendió que unos jóvenes ocupasen la carretera aprovechando unas señales indicativas de obras en la calzada que obligaban a aminorar la marcha. Pertrechados de unos cubos de dimensiones semejantes a los que en los cines sirven para las mayores raciones de palomitas de maíz, estaban realizando una colecta. ¿Para qué?, ustedes se preguntarán. Eso es lo que mi esposa y yo preguntamos, y la respuesta fue simple: a fin de adquirir un desfibrilador para el pueblo.

¿Se corresponde con el segundo PIB pc más elevado de Europa el hecho de que los ciudadanos tengan que realizar una colecta para adquirir un desfibrilador? Ésa es la realidad, la verdadera situación, de Irlanda; todo lo demás, sus carencias en comunicaciones y el disparado nivel de deuda hipotecaria de su ciudadanía, queda en segundo término.

Lo de la deuda hipotecaria es otro de los temas que me dediqué a «investigar» durante los días que estuvimos en Irlanda. Es conocido que en el país se ha producido un *boom* en la construcción muy similar al habido en España, es archiconocido que los precios de la vivienda en Dublín han alcanzado cotas estratosféricas. Pero ¿qué ha sucedido en el resto del país?

Aunque mi esposa y yo nos establecimos en el condado de Clare, también nos dedicamos a recorrer el condado de Cork, y para ello utilizamos un automóvil que, a nuestra llegada, alquilamos en el aeropuerto de Dublín.

Dos sorpresas nada más tomar la primera carretera en cuanto dejamos el aeropuerto. La primera, el número de carteles clavados (literalmente) en las fachadas de abundantes viviendas anunciando el clásico «For sale», número que se tornaba plaga a medida que íbamos aproximándonos a nuestro destino. Posteriormente, en los múltiples desplazamientos que realizamos, constatamos que la cantidad de viviendas en venta era monstruosa.

La segunda sorpresa: el estado de las carreteras. Aceptable en las proximidades de Dublín, iba empeorando a medida que nos alejábamos de la capital hasta convertirse en algo patético en los parajes alejados de las rutas principales. La anchura de la mayor parte de las carreteras era insuficiente o muy insuficiente, pero lo peor era el estado del asfalto. Supongo que el Estado irlandés está haciendo mucho por mejorar su red de carreteras (no quiero ni imaginar cómo sería antes de que se pusiera a la labor), pero la calidad de las actuales vías de comunicación de Irlanda, en general, ni remotamente se corresponde con un país que ostenta la marca de poseer el segundo PIB pc de la Europa de los 27.

Las condiciones de las carreteras, junto con la colecta para obtener el desfibrilador, me llevan a confirmar lo ya sabido: que el Estado de Irlanda gasta muy poco en su población, sobre todo por cuestiones políticas, pero también porque el nivel de ingresos públicos tampoco se corresponde con el PIB pc del país.

No se ven automóviles espectaculares; la población no viste con diseños de París; los restaurantes de calidad no abundan; entonces ¿dónde está ese PIB pc tan espectacular que la población irlandesa, según las estadísticas, ha alcanzado? La explicación es simple: ese PIB ni es tan elevado en relación con lo que llega a la población, ni llega tanto como el guarismo que el PIB pc indica. El truco de Irlanda está en el origen de ese PIB; la reducción de impuestos y el bajo gasto público, y la concentración de la generación de la mayor parte de ese PIB en unos lugares muy concretos, que en gran parte se hallan próximos a Dublín.

No obstante, la renta ha crecido (la de unos pocos mucho más que la de la mayoría), pero sobre todo ha aumentado la capacidad de endeudamiento de la población, y de ese incremento sí existen manifestaciones: las casas (no apartamentos: los irlandeses los odian) de las familias irlandesas. Casas grandes o enormes, la mayor parte no ostentosas, pero sí grandes y bien cuidadas, jalonan las vías irlandesas (en Clare son multitud), unas ya construidas, otras en construcción; sin embargo, a la vez, un enjambre de carteles pregona que muchas de ellas se hallan en venta. (En Limerick, en Ennis y en Cork, también bastantes locales comerciales.)

Investigué eso, lo de las casas grandes, y, hablando con la gente de a pie, obtuve que al irlandés medio le gustan las casas grandes porque son símbolo de bienestar (aquí, supongo, mucho influirá la historia de privaciones que el pueblo irlandés ha arrastrado durante siglos). Como, desde hace unos quince años, la renta y la capacidad de endeudamiento han ido aumentando, la familia irlandesa media se ha lanzado a la compra masiva de viviendas «más grandes» y mejores; pero, para adquirir una casa, la mayoría de compradores han de vender la que tienen.

El proceso fue a bastante buena velocidad hasta noviembre de 2006. A partir de entonces el mercado inmobiliario irlandés, pura y simplemente, se detuvo, de modo que en el verano de 2007 resultaba archicomplicado vender una casa. (¿Les suena?) Me comentaron que había familias que están pasándolo verdaderamente mal, ahogadas por las deudas hipotecarias que arrastraban, y achacaban sus males al alza de los tipos de interés. (¿Sigue sonándoles?)

Pregunté a las personas con las que hablé si se habían planteado qué podría pasar si se producía un enlentecimiento económico (no me atreví a hablar de crisis) y el empleo se reducía, y qué podría suceder de resultas de ello con la población inmigrante, que se hallaba trabajando mayoritariamente en la construcción. Nadie supo o quiso darme una respuesta.

Aún queda otro elemento que explica el avance económico que ha experimentado Irlanda en estos años, un elemento del que España se ha beneficiado mucho, muchísimo: los fondos comunitarios; éstos siempre levantan recelos, pues su concesión y gasto van asociados a una pregunta: esos fondos ¿son bien empleados? No digo —ni quiero decir— ni que sí ni que no, pero voy a contarles algo al respecto.

Mountshannon es una pequeñísima localidad junto al lago Derg, a cinco kilómetros de Tuamgraney, sita ésta en la carretera que une Ennis y Killaloe. Lugar con un encanto especial, muy tranquilo, con poco más que una calle principal, un pub —The Village Inn—, un hotel con media docena de habitaciones y una tienda de cerámica que vale la pena visitar. Y, en el centro del pueblo, una estructura sorprendente, grande, que combina un laberinto de canales de piedra a distintos niveles y unos jardines, con paneles explicativos de la historia de la zona distribuidos por el conjunto. Tres personas descansaban en su explanada principal mientras cuatro o cinco niños jugaban al escondite en el laberinto.

Pues bien, en la entrada del recinto, un cartel de considerables dimensiones anunciaba que la construcción era un proyecto de la FAS, sigla en gaélico de la Training & Employment Authority irlandesa, y que había sido financiada por el NDP, el National Development Plan, a partir de los European Union Structural Funds. Por favor, no diré que tal construcción no fuera necesaria; lo que me pregunté, y aún me pregunto, es si ese gasto era una de las cosas más importantes que Irlanda precisaba en el momento en el que se decidió construirla, sobre todo cuando existen comunidades que han de realizar una colecta pública en plena carretera a fin de conseguir un desfibrilador.

También podría, en relación con el tema de los fondos europeos, hablar de otro de sus destinos: la rehabilitación de iglesias de —pienso— dudoso valor histórico, aunque mejor no mentar un tema ultradelicado en Irlanda: la religión.

Tras un par de semanas pateándonos el país, la conclusión a la que llegué es que Irlanda, más que «el Tigre Celta», ha sido «la China de Europa» (como en su momento y de otra manera, claro, lo fue España). A Irlanda le permitieron bajar los impuestos sobre los beneficios porque a todo el mundo le convino, lo que generó PIB; pero la población, de verdad, es decir, no virtualmente, no se ha beneficiado en especial ni —lo que es más importante— estructuralmente de ese incremento de PIB. La renta de la población ha crecido fundamentalmente porque partía de una posición atrasadísima, y la capacidad de endeudamiento aumentó porque alguien lo alentó.

Por si quedaba alguna duda, el Banco Central Europeo ha publicado datos sobre la competitividad de las exportaciones de una serie de países. Pues bien, entre 1999 y julio de 2007, la competitividad de Irlanda se ha reducido 19,8 puntos. ¿Se corresponde ese dato con la fiereza de un tigre? (¿Qué ha sucedido con la española? Ha bajado 12,6 puntos.) Y las previsiones del FMI para 2009 son malas, muy malas, pero no peores de las que el Fondo habrá ya publicado en el momento en que ustedes lean estas líneas.

Y, como colofón, ¿qué conclusiones pueden sacarse de un país que ostenta el segundo PIB pc de la UE mientras que el 20 % de su población está sumida en la pobreza? (España: idéntica tasa.)

Irlanda es ejemplo del *bluff* que ha ido generándose a lo largo de estos años, un *bluff* inevitable, que comienza en 1991 y se acelera en 2003, a partir del hundimiento de los tipos de interés; la última reacción, la última oportunidad de un sistema que empezó a agotarse en 1973 y que hoy afronta su penúltima crisis sistémica. Un *bluff* cuya última vuelta de tuerca ha sido el hiperconsumo, el hiperendeudamiento y el recurso al sector servicios como panacea para emplear a una población activa paulatinamente menos necesaria; y todo ello con la especulación financiera como combustible y lubricante del sistema.

Un *bluff* que desde septiembre de 2007, cuando comenzaron a manifestarse las consecuencias de las ingenierías financieras realizadas globalmente en los últimos cinco años, se hizo más y más evidente, a medida que la dependencia exterior iba volviéndose agobiante: ¿se imaginan lo que puede significar el cierre de la planta que Dell posee en Limerick? 3.000 empleos perdidos en una de las áreas tradicionalmente más pobres de Irlanda.

¿Las previsiones para la economía irlandesa? Descorazonadoras: a principios de 2009 la Comisión Europea estimaba para Irlanda una evolución del PIB del –5,0% y un déficit público del 13%. Pienso que a 31 de diciembre estas estimaciones quedarán superadas por la realidad. Irlanda, el Tigre Celta: ¿quién se acuerda hoy de él?

EL INVENTO DEL SECTOR SERVICIOS

El sistema económico en el que nos hallamos, el sistema capitalista, comenzó su andadura «oficial» en 1820; más adelante volveremos sobre esto, pero ahora quédense con una obviedad: el sistema capitalista de hoy en poco se asemeja al de principios del siglo XIX. Aunque las diferencias son muchas, una destaca entre todas: el sector servicios.

Desde la noche de los tiempos, la mayor preocupación de las personas había sido alimentarse: las periódicas plagas, sequías, guerras, la voracidad de los distintos señores de la tierra, la baja esperanza de vida, convertían en una tarea no fácil asegurar el sustento de una población en una época en la que el comercio interterritorial estaba sujeto a múltiples cortapisas. La segunda preocupación ancestral de la humanidad fue la indumentaria: la ropa, incluso las prendas más sencillas, era cara debido a que su confección era artesanal, es decir, manual, lo que ralentizaba su producción.

Alimentarse y vestirse absorbían la mayor parte de las energías de las comunidades, comunidades que, hasta el siglo XIX, fundamentalmente eran rurales y consumidoras de los bienes que producían. A este decorado añádanse unas comunicaciones terrestres muy precarias, unos enlaces marítimos muy caros y restringidos a personas muy concretas y a bienes muy específicos, y una administración pública centrada en una figura real investida de la creencia de que era la receptora del poder de Dios en la Tierra, una monarquía casi siempre desconectada del gobierno efectivo de su reino, del que se ocupaban personas que, en gran parte de las ocasiones y en el mejor de los casos, tan sólo atendían al día a día, porque bastante tarea era la supervivencia cotidiana. En un escenario como el descrito resulta evidente que crecer en términos económicos, tal y como lo entendemos hoy, era muy, muy difícil.

Con ligerísimas variaciones, ése es el decorado que encontramos en todos los reinos europeos hasta la Revolución francesa de 1789: una clase ultraminoritaria compuesta por la nobleza que gira en torno al rey y al protocolo real y que, por su gracia, es poseedora de la tierra, es decir, del lugar de donde se obtienen los alimentos, las materias primas y la energía: minas y bosques; el rey o la reina, que es último y único propietario del producto de los impuestos (la hacienda real) y decide sobre su destino; un muy reducido número de profesionales e intelectuales, dependientes en su mayoría del rey y de la nobleza; la estructura clerical, en gran medida al margen del poder real pero apoyándolo por necesitar su apoyo; y la gran masa de la población, sin propiedades ni beneficios: los que en el París de mediados del siglo XVIII eran conocidos como los *sans-culottes*.

La máquina de vapor supuso muchos cambios, pero uno destaca entre todos: por vez primera en la historia se podía incrementar la productividad al margen del esfuerzo individual de las personas, lo que permitió mejorar los rendimientos agrarios y la producción textil. A medida que fue avanzando el siglo XIX, la mayor parte de los países europeos pudieron dar por finalizados los períodos de hambre que cíclicamente afectaban a sus poblaciones; a la vez, el precio del textil fue bajando.

Lenta pero sostenidamente, las diferentes poblaciones de los países que progresivamente adoptaron el capitalismo fueron interiorizando que las necesidades básicas estaban cubiertas, lo que posibilitó nuevos nichos de negocio; tras el fin de la segunda guerra mundial, esa posibilidad se acrecentó, y comenzó la expansión del sector servicios.

El sector servicios es una especie de cajón de sastre en el que tienen cabida todas las actividades que no encajan en otros sectores de la economía; algunas pueden ser fundamentales, como la programación del software para el control aéreo de una zona o territorio; otras, no tanto, como un servicio de hoteles exclusivos para animales de compañía; pero todas esas actividades comparten una característica: su dependencia de otras actividades y sectores, que las necesitan o simplemente las desean.

A medida que fue produciéndose el incremento de la renta media, crecieron el sector servicios y sus subsectores: cubiertas las necesidades básicas, la población, con independencia de su estatus social, comenzó a demandar servicios y, como consecuencia, y debido a su reducida productividad, a ocupar a una creciente proporción de la población activa. (Véase el gráfico 1 del «Anexo 1».)

El problema reside en la enorme dependencia que el sector servicios conlleva: depende de la evolución de la economía, de la renta de sus demandantes, de la coyuntura económica... En los momentos de auge, el consumo de sus elaborados se dispara; en momentos de desaceleración económica, se reduce.

En cualquier caso, y desde el fin de la segunda guerra mundial, el peso del sector servicios en la economía, en la generación del PIB, ha ido en aumento, lo que ha supuesto necesidades crecientes de población activa, que podía proceder de las amortizaciones de empleo en subsectores agrícolas o industriales ocasionadas por la búsqueda, en éstos, de mayores productividades, porque otro rasgo que comparten la mayor parte de las actividades encuadradas en este sector económico es la utilización de una gran cantidad de factor trabajo.

Lo ampliaremos, pero, de momento, quedémonos con el hecho de que desde los años sesenta, y especialmente desde los ochenta, la población ocupada en el sector servicios en los países capitalistas o en países que formalmente hayan adoptado el sistema capitalista se ha disparado, al igual que el valor del PIB que han ido generando; sin embargo, su peso, su importancia está en función de una realidad que no controla ya que casi todo lo que produce depende de los excedentes de renta que se están dedicando al consumo de servicios.

LO QUE SE NOS AVECINA

La evolución de los últimos doscientos años ha llevado a la economía mundial a un lugar sin retorno. Dirán que todos los lugares, una vez alcanzados, son de no retorno, y sí, así es, pero lo que ahora estamos exponiendo para luego abordar en profundidad es que la evolución de las cosas está abocándonos a una crisis sistémica, una situación que es imposible de evitar, pues una crisis sistémica es inevitable debido a que es fruto de una determinada evolución.

Una crisis sistémica es algo muy serio y especial: en dos mil años tan sólo se han producido dieciocho, la última en 1929, así que la del 2010 será la decimonovena de las acontecidas en estos dos milenios. ¿Por qué se produce una crisis sistémica?

Los sistemas económico-político-sociales son consecuencia de una realidad: las cosas suceden de determinada manera, son hechas de determinado modo, producen determinados efectos, no exactamente iguales, pero sí esencialmente idénticos en cuanto a sus significados y el modo como son hechas. Todo eso, ese conjunto de maneras de acontecer, de modos de hacer y de consecuencias constituye un sistema.

Es posible datar el momento en que un sistema comienza su existencia; a la vez, su duración es idéntica para todos los sistemas habidos en los últimos veinte siglos: 250 años; del mismo modo, es posible datar el momento en que se produce la muerte de un sistema (al menos lo ha sido para todos los sistemas habidos en estos dos mil años).

Maneras, modos, consecuencias..., en cualquier caso, existe algo que caracteriza a cada sistema de forma inequívoca. Ese elemento, que cambia al cambiar el sistema, es el modo de producción. Al igual que todos en el pasado, el sistema actual, el sistema capitalista, tiene sus bases, sus características y su fundamento filosófico-político. Todo ello predetermina un modo de producción.

El capitalismo se sustenta sobre tres bases. Su base cultural la determinó el calvinismo, la base filosófica se la dio la Ilustración y la económica de alguna manera es consecuencia de las otras dos y está definida por la búsqueda de la maximización del beneficio individual.

La ética calvinista aportó algo que la moral católica, simplemente, no contemplaba: el individualismo. Para la moral católica lo único importante era la salvación de las almas en un entorno de libre albedrío, sí, pero influido por el mensaje de que la vida terrenal era un mero accidente en el tránsito hacia la eterna, la única importante; en consecuencia, los padecimientos y sufrimientos de ésta en nada importaban, ya que esta vida era una preparación, en la mortificación, para aquélla. En un entorno como el descrito, únicamente los ministros de la Iglesia, y en el idioma divino, el latín, podían hacer de transmisores entre los fieles y Dios.

El calvinismo, en cambio, parte de que la vida de cada persona se halla predeterminada; no obstante, el uso que cada uno haga de su potencial y de todo lo que Dios ha puesto a su alcance hará que sea mejor o peor a los ojos de Él, ya que cada cual se preocupará de utilizar de la mejor manera posible todo lo que Dios ha creado y procurará aportar a esas creaciones divinas características desarrolladas con su actividad y trabajo. En ese orden, la comunicación con Dios debe realizarla cada persona, sin intermediarios, y debe hacerlo en su propio idioma.

Es evidente que una visión como la aportada por la moral católica no fomenta ni el desarrollo de la economía como actividad enriquecedora ni a la persona como ente individual, lo que sí hace la ética calvinista. Simplificando, en los Estados y zonas en los que el calvinismo se desarrolló se produjeron significativos avances de la actividad económica, lo que no sucedió en aquellos donde triunfó la Contrarreforma abanderada por España.

La Ilustración aportó el componente filosófico. Nacida a finales del siglo XVII en Inglaterra, la Ilustración evolucionó a partir del calvinismo profundizando en el concepto de liberalismo y, a partir de éste, en el de propiedad privada. No es extraño que fuese la burguesía manufacturera, clase con un creciente poder económico pero carente de toda representación política debido al régimen monárquico y absolutista reinante, la que abrazase fervientemente y desde el comienzo los predicamentos liberales.

Obviamente, la maximización del beneficio individual se convirtió en el objetivo que alcanzar dentro de la ética calvinista: obtendrían mayor beneficio las personas que mejor hubieran utilizado los bienes creados por la divinidad y más hubieran aportado con su trabajo y bien hacer, por tanto serían ellas a quienes con mejores ojos miraría Dios. Evidentemente, algo así sólo era posible en un entorno liberal.

A partir de estas bases, las características del capitalismo se deducen con facilidad. Los bienes de producción deben ser de propiedad privada y ha de ser la persona propietaria quien decida cómo y de qué manera utilizarlos.

A la vez, la toma de decisiones debe producirse en un entorno libre, sin ningún tipo de fuerzas que limiten el poder de decisión de la persona; por ello, el papel de los gobiernos debe ser mínimo, y el de los Estados, el imprescindible para garantizar el orden necesario para la libre elección.

Finalmente, el papel del trabajo queda circunscrito a la generación de un valor que se obtendrá mediante la contribución, además, de capital y materias primas, factores y elementos organizados todos ellos de la mejor forma posible y supeditados a la obtención del mayor beneficio que en cada momento sea factible. En consecuencia, los factores productivos, y el trabajo como uno más, pasan a ser mercantilizados y supeditados a la oferta y a la demanda, en teoría libres, en la práctica, supeditados al capital, factor que fue convirtiéndose, aceleradamente, en el factor esencial.

El sistema capitalista fue conformándose a partir del desarrollo del maquinismo, del capital, en definitiva. Su fundamento fue estableciéndose con arreglo a sus bases y a sus características: lo importante, lo único importante, es el individuo, cada uno, en su papel de ciudadano que genera valor, consume y paga impuestos, es decir, lo importante es cada persona, no el Estado, que debe limitarse a garantizar que se cumpla el orden que debe cumplirse a fin de posibilitar la búsqueda del máximo beneficio.

La aparición del capitalismo, como la de cada sistema en su momento, se produjo cuando las circunstancias fueron las idóneas. La ética calvinista fue determinante, junto con las aportaciones de plata que España hizo a Europa a partir de su colonización de América. Sin embargo, lo más importante no fue eso, sino el agotamiento en el que desde mediados del siglo XVIII había entrado el sistema anterior: el sistema mercantilista.

Cuando las condiciones fueron las óptimas, se produjo el nacimiento de una nueva filosofía: la que sería la filosofía capitalista; asimismo fue diseñada una nueva estructura: la que a partir del 1820 aportaría el capitalismo. La Revolución francesa, llevada a cabo por la nueva clase, la burguesía, supuso el principio del fin del viejo orden, y el cataclismo generado por las guerras de Coalición acabó de romper el orden del ya totalmente agotado sistema mercantilista.

Volveremos sobre el tema; ahora simplemente deseo destacar que nos hallamos en un momento muy semejante al período 1760-1770: una vez definida la filosofía del sistema que sustituirá al capitalismo, se está diseñando la que será la estructura de ese nuevo sistema. ¿Qué ha sucedido? Simplemente que el sistema capitalista, el actual, ha cumplido su función y ya se halla prácticamente agotado. La crisis de las hipotecas basura, los niveles descontrolados a que se ha llevado la economía financiera, los montos de deuda privada de todo punto ya inasumibles, la creciente productividad que ya está tornando en excedentarios amplios colectivos humanos, los avances de una tecnología crecientemente eficiente, no son más que manifestaciones del agotamiento del sistema.

Nuestro sistema alcanzó el punto de no retorno en 1973 y su máximo nivel de evolución en el año 2003; a partir de aquí comenzó a gestarse el crash del 2010, cuya precrisis comenzó en 2007. La del 2010 no será una crisis coyuntural a semejanza de la de 1962, la de 1987, la de 1991 o la del 2000, sino una crisis sistémica, porque supondrá cambios en cómo «las cosas son hechas», es decir, en el modo de producción, al igual que lo supuso el crash de 1929, que dio paso a la Depresión de los años treinta.

JOAN VIOLET ROBINSON

Si no existiese ningún sistema regular de subsidios de paro —o de ayuda a los pobres que sea preferible al suicidio—, un hombre que se quede sin trabajo debe ganarse la vida como sea. [...] Por lo tanto, salvo en condiciones peculiares, una caída de la demanda efectiva que reduce, a su vez, la oferta de empleo en las industrias establecidas no conducirá al desempleo en el sentido de la inactividad total, sino que obligará a los desempleados a llevar a cabo diversas actividades: vender cerillas en el Strand, cortar leña en el bosque, cultivar patatas en sus huertos particulares [...], es natural calificar estos empleos inferiores como el desempleo encubierto.

Essays on the Theory of Employment
JOAN VIOLET ROBINSON (1937)

¿CÓMO HEMOS LLEGADO HASTA AQUÍ?

La respuesta cierta, aunque simple, es: por evolución. Una vez iniciada la Primera Revolución Industrial a partir de 1820, y durante los siguientes cincuenta años, encabezados por el Reino Unido —por Inglaterra, en realidad— varios países europeos (España no) procedieron a la progresiva incorporación de sus economías y sociedades al naciente maquinismo, lo que fue transformando rápidamente sus estructuras productivas; las consecuencias de los cambios de esa transformación fueron demoledoras.

Para la burguesía el único objetivo era acumular, es decir, obtener crecientes beneficios y reinvertirlos; se supeditó absolutamente todo a tal fin, por lo que el factor trabajo pasó a ser una mera mercancía que una crecientemente explotada clase obrera vendía al capitalismo y que era pagada al precio —al salario— más reducido posible.

Las condiciones de vida de la clase obrera entre 1820 y 1880 son difícilmente imaginables desde la perspectiva actual. Uno de los mejores documentos sobre las mismas fue escrito por Friedrich Engels: «Las casas son viejas, sucias y minúsculas. Las calles irregulares, llenas de rodadas; hay sectores sin alcantarillado ni aceras. Por todas partes hay montones de residuos, desperdicios y basura repugnante entre charcos permanentes; la atmósfera está envenenada por los efluvios de todo esto y oscurecida por el humo de una docena de las inmensas chimeneas de las fábricas».[1]

Durante casi todo su primer siglo de vida, el capitalismo se comportó de forma muy diferente a como hoy lo conocemos. Desde los inicios, la puesta en marcha del nuevo sistema supuso el incremento de la productividad, pero como los niveles de producción de partida eran muy reducidos, y la disponibilidad de capital (capital como tal, tecnología, herramientas, materias primas y consumibles...), limitada, la relación entre el nivel de producción y el empleo de factor trabajo era directa; es decir, a pesar de que la productividad no cesaba de aumentar, el incremento de la producción se hallaba indefectiblemente vinculado a la utilización de más factor trabajo: a la contratación de un mayor número de trabajadores (masculinos, sobre todo, hasta la primera guerra mundial).

Maquinismo, factor trabajo y capital: los tres elementos definitorios —y esenciales— del capitalismo. El capital supo adaptarse muy rápidamente al nuevo escenario: los burgueses que no supieron o no pudieron ir adaptándose a los cambios que la rápida evolución del sistema generaba día a día desaparecieron; era la interpretación darwinista de la evolución: una visión capitalista y competitiva del cambio: «No es la más fuerte de las especies la que sobrevive, ni tampoco la más inteligente, sino la que responde mejor al cambio».[2]

El problema radicaba en que el sistema no podía emplear a toda la población activa que iba llegando a los centros fabriles, a las ciudades, desde las zonas rurales, incrementada por el rápido aumento de la población (la revolución demográfica) ocasionado por el descenso de la tasa de mortalidad, debido a su vez, básicamente, a la mejora de la higiene. El hecho es que, a mediados del siglo XIX, en Europa existía un importante excedente de población que no podía ser ocupada; la salida para esa población fue la emigración, fundamentalmente a

Estados Unidos, un país entonces en formación; así, entre 1845 y 1915, cincuenta millones de europeos emigraron al Nuevo Mundo.

A partir de 1880, coincidiendo con el inicio de la Segunda Revolución Industrial (cuando la electricidad sustituyó al carbón, se desarrolló la industria química y una siderurgia más sofisticada, nació el automóvil y la organización empresarial fue diseñada según perfiles piramidales y en cascada), la productividad comenzó a aumentar claramente; en ello fue esencial la acumulación de capital habida en las décadas anteriores.

Pronto la burguesía percibió que estaba generándose un problema de imposible solución a no ser que el modelo productivo experimentase una profunda modificación: «Paralelamente a esta centralización del capital o expropiación de muchos capitalistas por unos pocos, se desarrolla [...] la inserción de todos los países en la red del mercado mundial y, como consecuencia de esto, el carácter internacional del régimen capitalista. Conforme disminuye progresivamente el número de magnates capitalistas que usurpan y monopolizan todas las ventajas de este proceso de transformación, crece la masa de la miseria, de la opresión, de la esclavitud, del envilecimiento, de la explotación; pero también crece la rebeldía de la clase obrera, cada día más numerosa y disciplinada, más unida y más organizada por el propio proceso capitalista de producción. El monopolio del capital se convierte en grillete del modo de producción que ha brotado y crecido con él y bajo él. La centralización de los medios de producción y la socialización del trabajo llegan a un punto en el cual resultan incompatibles con su envoltura capitalista».[3]

El problema radicaba en el propio funcionamiento del modo de producción capitalista. En un mercado creciente, aunque limitado debido al bajo poder adquisitivo de una población forzada a vender su fuerza de trabajo a un precio mínimo, y agotada ya la vía de las reducciones salariales al haber alcanzado los salarios el nivel de subsistencia, la burguesía tan sólo podía responder a la creciente competitividad aumentando la inversión, es decir, la productividad. Pero ello incidía en la reducción de la población ocupada, lo que suponía una disminución de las rentas familiares y, como consecuencia, de la demanda de unos bienes que, en creciente cantidad, era capaz de suministrar una oferta en expansión. A eso se sumaban extenuantes jornadas de más de doce horas.

> ...la perfección cada vez más creciente de la máquina moderna está [...] convirtiéndose en una ley obligatoria que fuerza a los capitalistas industriales individuales a mejorar de forma permanente sus máquinas, siempre con la finalidad de incrementar su capacidad productiva [...] [pero] la amplitud de los mercados no puede seguir el ritmo de esta ampliación de la producción. La colisión se hace inevitable.[4]

Por ello el sistema reaccionó. Tras la masacre de Haymarket, en Chicago, el 4 de mayo de 1886, el sistema entendió que se debía comenzar a hacer las cosas de otra manera, y las condiciones de la clase trabajadora empezaron a cambiar: aumentos salariales, mayor poder adquisitivo y reducción de la jornada laboral, que implicaba más ocio y por tanto más tiempo libre para consumir.

Todos los sindicatos, no sólo los de Estados Unidos, fueron apuntándose tantos: aunque las condiciones de vida de la clase obrera continuaban siendo muy duras, muy precarias, lentamente iban mejorando, decían. La realidad es mucho más triste: las condiciones de la clase trabajadora empezaron a mejorar cuando a la burguesía capitalista le convino, cuando llegó a la conclusión de que necesitaba que los pobres fueran un poco menos pobres para que consumieran lo que fabricaban: «Siempre es posible pagar a la mitad de los pobres para que maten a la otra mitad».[5]

La productividad comenzó a crecer, pero fue en la década de los años veinte del pasado siglo, al finalizar la crisis de postguerra, cuando se produjo un aumento espectacular de la misma, incluso en el sector agrario: «Ya no estamos haciendo crecer el trigo, lo fabricamos. [...] No somos labradores, ni tan siquiera somos granjeros. Fabricamos un producto para ser vendido».[6]

En el sector industrial, el impacto de las mejoras organizativas fue decisivo en la mejora de la productividad: todo el mundo podía ser útil, aunque con un salario adaptado al valor generado. «Mientras que para producir un modelo T se requerirían 7.882 tareas distintas, tan sólo para 949 de ellas se requerirían hombres de fuerte complexión física, hombres físicamente casi perfectos. Para el resto de las tareas, 670 de ellas podrían ser realizadas por hombres sin piernas, 2.637 por hombres con una sola, 2 por hombres sin brazos, 715 por hombres con uno solo, y 10 por hombres ciegos.»[7]

¿POR QUÉ HEMOS LLEGADO HASTA AQUÍ?

Estamos donde estamos porque las cosas no podían ser llevadas a término de otra manera. ¿Inevitabilidad en el desarrollo de los acontecimientos? Sí, sin lugar a dudas.

El capitalismo nació porque, tras el agotamiento del sistema mercantilista con todo lo que ello suponía —absolutismo monárquico, acumulación a partir del colonialismo o de la manufactura artesanal y de la fabricación con ingenios muy rudimentarios, régimen señorial en el campo, nobleza absentista, imposibilidad de despegue político de la burguesía—, la evolución natural debía llevar a la eficiencia productiva por encima de la eficiencia de las formas. El símbolo del mercantilismo es el palacio de Versalles; el del capitalismo, pocas décadas después y tras dos crisis muy violentas, será una fábrica humeante en el centro de Manchester. En el sistema mercantilista el centro era la figura real; para el capitalista, el centro estaba en la persona; pero llegar hasta la cadena de producción de Henry Ford no fue fácil.

Una mirada poco detallada a la historia podría indicar que, una vez finalizadas las guerras napoleónicas y restaurado el Antiguo Régimen, la burguesía, la clase que diseñó la revolución contra el absolutismo monárquico, obtuvo muy poco. Sin embargo, lo cierto es que consiguió algo que unos años antes parecía imposible: permiso real para, en lo económico, hacer y deshacer como creyese oportuno, sin límite; a cambio, el compromiso de no entrometerse en las cosas de la política. La burguesía, evidentemente, aceptó y, sin traba alguna, se dedicó a lo que sabía hacer muy bien: acumular capital y amasar un creciente poder económico.

La burguesía se introdujo en el terreno de la política por la puerta trasera, pero de forma brillante, novedosa; el proceso comenzó en los territorios de lo que posteriormente constituiría el Imperio alemán. Como la burguesía tenía vetada la entrada en la política oficial, diseñó un campo de juego político nuevo en el que su invento fue ganando importancia: el nacionalismo. Éste adoptó diversas formas y maneras adaptándose a las características de cada Estado; a partir de aquí, el salto a la política oficial fue progresivo.

La burguesía, empapada de individualismo, puso todo su empeño en acumular, en «hacer las cosas de la mejor manera posible», en adaptarse a los constantes cambios; pero la burguesía capitalista nació con una característica que la hacía única: era, por principio, monopolista; tendía al monopolio, lo buscaba, lo deseaba y lo justificaba. Obtener una posición de monopolio era señal de que quien la conseguía era quien mejor había hecho lo que tenía que hacer, quien mejor se había adaptado, quien más había invertido, quien había conseguido la mayor productividad. El monopolio no era un pecado: era el premio para el burgués más eficiente.

El problema del monopolio, a finales del siglo XIX, era la literalidad en la interpretación del mensaje: cuando la Standard Oil Trust de John Davidson Rockefeller llegó a controlar el 95% del mercado petrolífero estadounidense, al margen de la posibilidad real de extinción del sistema que el hecho significaba (fin de la competencia con el sistema aún en formación), se puso sobre la mesa un problema que no se manifestó realmente hasta finales de la década de 1920: que una vez que la burguesía lograra una posición monopolista u oligopolista, prescindiría de buscar la máxima utilización de los recursos de que pudiera disponer, por lo que la producción de bienes y servicios obtenida sería, por definición, limitada.

A la vez, y llegados los años veinte, en las mentes de algunas personas dedicadas a algo entonces muy nuevo, la economía, comenzó a formarse una idea inquietante: si quienes utilizan los recursos a fin de obtener la producción de bienes y servicios no utilizan todos los que pueden utilizar, las posibilidades de crecimiento quedarán cercenadas antes de florecer, ya que será imposible alcanzar una tasa de crecimiento económico por encima de un valor de equilibrio en el que se desaprovechen factores productivos. Joan Violet Robinson se encontraba entre quienes así pensaban.

¿QUÉ SE PRETENDÍA LLEGANDO HASTA AQUÍ?

Por todo lo explicado hasta ahora podría parecer que el modo de producción actual, el sistema económico actual, en nada se asemeja al existente hasta finales del siglo XIX o a principios del siglo XX. Aunque la esencia del sistema continúa siendo exactamente la misma —la maximización del beneficio—, lo cierto es que hay algo sustancial que sí varió y que en la crisis en la que estamos adentrándonos volverá a cambiar.

El sistema capitalista había nacido investido de una característica única: era una máquina casi perfecta para generar beneficios; el problema residía en que era una máquina monotemática; tal y como nació sabía hacer sólo eso: generar beneficios, nada más. Durante los primeros cincuenta o sesenta años, cumplió su función a la perfección: como lo esencial era acumular capital, acumuló, incluso pasando por encima de una población sin derechos y dejando de utilizar recursos que hubieran podido generar un mayor rendimiento; pero no lo hizo porque en ese momento pensaba que no los necesitaba, o porque, simplemente, entonces no sabía utilizarlos.

El hecho es que de las crisis y recesiones que fueron produciéndose (1886, 1896, 1908, 1921...) se fue saliendo, siempre, pero con un coste de oportunidad muy importante debido a cómo se hacían los deberes para salir de las mismas: no interviniendo de ningún modo y dejando que «la mano invisible» guiara al mercado nuevamente hasta la posición de equilibrio de la que la crisis lo había apartado. El problema radicaba en que salir de una crisis de ese modo comporta que muchas posibilidades sean marginadas, no consideradas, ya que lo único importante es que quienes han de obtener los beneficios, la burguesía, los obtengan; los demás tan sólo son importantes en tanto contribuyan y faciliten a la burguesía su obtención.

Hasta que en 1936 alguien se dio cuenta de que el capitalismo tenía dos problemas de base: la «mano invisible» era el único referente aceptado en los momentos de hundimiento económico; sin embargo, hacía tiempo que el recurso estaba demostrándose insuficiente: los incrementos de productividad aumentaban la oferta, pero la miseria existente imposibilitaba el aumento de la demanda. Lenta pero imparablemente, el sistema capitalista fue viéndose abocado a un contrasentido: mientras que su capacidad productiva no cesaba de aumentar, la capacidad de consumo tendía al estancamiento.

En la década de 1880, la tasa de pobreza del recientemente fundado Imperio alemán alcanzaba al 80% de la población; en otros Estados afectaba a porcentajes de población semejantes. En 1884, el canciller Otto von Bismarck instaura el embrión de lo que posteriormente constituirán las pensiones de jubilación; el objetivo de la medida fue fundamentalmente defender a la clase burguesa del ascenso del movimiento socialista, pero, con todo, la limitación de la miseria supone un paso crucial en la línea del mejoramiento de la capacidad adquisitiva de la población.

La politización de la clase obrera, salvo contadas excepciones, fue escasa hasta después de la segunda guerra mundial. La clase obrera tenía problemas muy concretos: condiciones de trabajo insalubres, salarios míseros, imposibilidad de acceso a tratamientos médicos en caso de enfermedad, dependencia total de familiares y parientes durante el tiempo que mediaba entre el cese en el trabajo por imposibilidad física y el momento del fallecimiento...

Cierto es que algunos movimientos obreros de carácter socialdemócrata buscaban un cambio que mejorase sus condiciones de vida; sin embargo, al hallarse siempre fuera de los gobiernos, sus posibilidades reales era nulas; por ello, el cambio, de hacerse, debía llevarse a cabo desde arriba y desde dentro. A eso contribuyó en gran medida la postura de un político británico miembro del Partido Liberal: David Lloyd George. En 1905, Lloyd George, desde su puesto de ministro del Tesoro, propuso la introducción de un sistema de seguros sociales financiados con los incrementos de recaudación que se obtendrían de aumentar la imposición sobre los ingresos de los más ricos. La Cámara de los Lores se opuso, pero tras la reforma de ésta, en 1911, la legislación pudo ser promulgada.

Tanto las medidas de Bismarck como las de Lloyd George estaban orientadas, básicamente, a calmar la situación social, no a evitarla, a compensarla, no a corregirla; es decir, eran medidas básicamente paliativas, no preventivas. En 1911 fue publicado un documento que, por vez primera, analizaba la puesta en marcha de un auténtico sistema de seguridad social; su importancia se pondría de manifiesto unos años después: «No resulta posible diseñar un programa de seguridad social satisfactorio [sin] los siguientes supuestos: a) Un servicio nacional sanitario para la prevención y el tratamiento completo y que esté disponible para todos los miembros de la comunidad; b) Ayudas universales para todos los hijos hasta los catorce años, o hasta los dieciséis años si siguen estudiando a tiempo completo; c) Pleno uso de los poderes del Estado para mantener el empleo y para reducir el desempleo a uno de tipo estacional, cíclico y ocasional, esto es, a un tipo de desempleo que sea adecuado para su tratamiento mediante prestaciones en dinero».[8]

Reparemos en que el trasfondo continuaba siendo el mismo: los peligros que podía representar para la burguesía una explosión social provocada por la mísera clase obrera, pero no las crecientes diferencias entre oferta y demanda, entre capacidad productiva y consumo. En 1920, Arthur Cecil Pigou publicó una obra verdaderamente novedosa: *The Economics of Welfare*; su novedad radicaba en que analizaba los efectos de la actividad económica en el bienestar de la sociedad y de las clases sociales, lo que abría el camino para contemplar al conjunto de la población como sujeto activo económico, tanto por el lado de la producción como por el del consumo.

En 1929 comienza la Gran Depresión, terrible, tremenda, pero la burguesía, a pesar de que algunos de sus miembros sufrieran especialmente sus efectos, continuó, en su mayor parte, sosteniendo que la «mano invisible» retornaría la situación al equilibrio, postura que fue contestada por el economista británico John Maynard Keynes en su obra de 1930 *A Treatise on Money* y, sobre todo, en *General Theory of Employment, Interest and Money*, de 1936.

Escribió Keynes: «Los dos vicios que marcan el mundo económico en el que vivimos son, el primero, que el pleno empleo no está garantizado, el segundo, que el reparto de la fortuna y de la renta es arbitrario y falto de equidad», también que «nos afecta una nueva enfermedad de la que algunos lectores puede que aún no hayan oído su nombre, pero de la que oirán hablar mucho en el futuro inmediato, se denomina "desempleo tecnológico"».[9] El razonamiento de Keynes era rompedor.

Si —venía a decir— hacemos como hasta ahora, dejar que la «mano invisible» actúe libremente, esto es, si se deja que las fuerzas del mercado actúen sin intervención alguna, esas fuerzas reconducirán a la economía hacia el equilibrio, como ha ido sucediendo, pero ello ocurrirá sobre un campo plagado de los cadáveres de las compañías que se verán forzadas a quebrar y de los trabajadores que fueron despedidos por no ser necesario su trabajo en ese proceso de ajuste llevado a cabo por el mercado. En otras palabras: si ningún agente interviene en ese proceso de ajuste y readaptación, tendrán lugar los dos hechos que hasta ahora se han dado cuando se han producido procesos como éstos: 1) se habrá conseguido un equilibrio, pero no utilizando unos recursos y unos factores productivos que podrían ser utilizados y que, si lo fuesen, generarían un mayor crecimiento, y 2) se habrá alcanzado el equilibrio, pero a la baja, porque, sin la intervención necesaria, por sí solo, el sistema no tenderá a utilizar todos los recursos y factores, por lo que nunca estará garantizado que el crecimiento será el mayor posible en cada momento. En resumen, como objetivo debe buscarse siempre el pleno empleo de todos los factores productivos a fin de garantizar esa óptima tasa de crecimiento, y para ello es esencial que el Estado intervenga en la economía; si no se hace, la alternativa es el subempleo de los factores de producción.

Es decir, el objetivo ya no es sólo maximizar el beneficio, tampoco únicamente el equilibrio: el objetivo es hacer lo que sea necesario para conseguir el pleno empleo de todos los factores productivos, de forma que todos estén operando a pleno rendimiento y ninguno se halle subempleado. La demanda, de todo, pasa a ser lo fundamental, y ha de ser la oferta la que se preocupe de cumplimentar dicha demanda.

Visión keynesiana de la economía, se denominó a este enfoque, y a ella perteneció la dama cuyo nombre da título a este capítulo.

Intuitivamente se percibe que, si la demanda es lo más importante, ésta ha de tener capacidad de consumo. Esa visión keynesiana, también llamada modelo de demanda, al propugnar el pleno empleo de todos los factores productivos, buscará el pleno empleo del factor trabajo, por lo que con el modelo de demanda la tasa de ocupación tenderá a ser máxima, las rentas tenderán a crecer a fin de que la población tenga capacidad de consumo y el Estado arbitrará políticas fiscales que favorezcan sus propios ingresos a fin de que el gasto público sea el necesario, bien vía gasto directo (obra pública, educación, sanidad, pensiones) o indirecto (becas, subvenciones).

El modelo de demanda se puso ya parcialmente en funcionamiento en Estados Unidos durante la Gran Depresión (a pesar de las críticas que recibió por parte de los partidarios de la «mano invisible»), pero fue tras la segunda guerra mundial cuando se generalizó en los países más desarrollados de economía capitalista y, en concreto, en Europa.

Bien, lo habrán deducido: lo que se pretendía con el cambio de modelo era diseñar un escenario en el que «se pudiese comprar», todos y de todo, no como antes, cuando lo importante era que unos cuantos burgueses, los más hábiles, acumulasen. Pero ese cambio de enfoque no fue ni fácil ni pacífico: sucedió tras una crisis sistémica, el crash del 29, y la miseria que ocasionó la Gran Depresión, y sólo se completó tras una guerra que ocasionó 60 millones de muertos, 50 millones de desplazados y destrucciones por un valor estratosférico, es decir, con un decorado magnífico y una memoria histórica muy positiva para que la empobrecida población, tras décadas de privaciones y siglos de pobreza, abrazase el consumo como ente solucionador de problemas y satisfactor de necesidades.

Con el crash de 1929 se puso en marcha un auténtico estado o período de bienestar: el mundo comenzó a «ir a más». Tras la crisis sistémica representada por la Gran Depresión y el nuevo orden surgido tras la segunda guerra mundial, el PIB del planeta comenzó a crecer y a mejorar las condiciones sociales de la población.[10] Es decir, el objetivo de la evolución habida entre 1930 y 1973 y manifestada a partir de 1950 fue crecer; una de sus consecuencias fue el enfoque economicista que lentamente fue impregnando todas las capas sociales.

LA CAÍDA DEL IMPERIO ROMANO

El fascismo es el pragmatismo
absoluto aplicado a la política.

BENITO MUSSOLINI
Jefe de gobierno de Italia
entre 1922 y 1943

¿QUÉ ES UNA CRISIS SISTÉMICA?

Cuando es necesario referirse a una estructura organizada, sólida, monolítica e innovadora con respecto a su entorno resulta imprescindible hablar del Imperio romano; pero la civilización romana no siempre reunió estas características, y lo cierto es que las retuvo poco tiempo.

La Roma potente cuyas legiones invencibles aparecen en las películas, y sus generales, en las litografías de los libros de historia antigua, nace en el año 27 a. C. o, siendo muy generosos, en el 63 a. C.; su final principia a partir del 212, desde ese momento va declinando hasta su total desaparición (oficial) en el año 476. Ya ven: ni tan siquiera duró tres siglos.

En el año 63 a. C., y tras un largo período de inestabilidad, un intento de reforma social —la conjuración de Catilina— dio entrada en la escena política al hombre con el que comenzó la verdadera expansión de Roma: Julio César, miembro de una de las familias de más vieja estirpe de Roma, la familia Julia. Julio César, en coalición con un militar de prestigio —Pompeyo— y con el hombre más acaudalado de Roma —Craso—, forma el Primer Triunvirato.

César hizo mucho por Roma, pero cometió dos errores que se demostraron imperdonables. Por un lado, ir aproximándose a una situación en la que su figura iba asemejándose cada vez más a la de un rey, figura odiada desde los inicios de Roma por el pueblo; por otro lado, ir enfrentándose, crecientemente, a una serie de potentes intereses económicos. La conjura contra él se manifestó de la mano de Bruto —un usurero—, y César fue asesinado en pleno Senado.

El período comprendido entre el 44 y el 31 a.C. supuso el renacimiento de la inestabilidad. Marco Antonio, un general fiel a César, tomó el poder aliándose con un sobrino nieto de éste —Octavio— y con un general al mando de un potente ejército —Lépido—, dando lugar al Segundo Triunvirato.

A pesar de que el cometido de los triunviros era la restauración del orden y sus cargos eran temporales, Octavio y Marco Antonio empezaron a actuar para perpetuar sus posiciones personales. Marco Antonio se situó más cerca de la idea globalizadora de César, y acorde con esta línea se casó con la reina de Egipto Cleopatra. Octavio siguió la senda tradicional de la República, comenzando a hacer aparecer a Marco Antonio como un traidor. La batalla de Accio dejó libre el camino a Octavio, que reinstauró el viejo orden ya con el título de Augusto.

Augusto (31 a.C.-14 d.C.) supo diseñar una estructura ideal: el principado. A la vez que reinstauraba todas las instituciones y los cargos populares, de modo que a los ojos del pueblo fue él el salvador de la República, se hizo conceder el cargo de tribuno del pueblo de forma vitalicia, así como el título de «princeps», lo que le daba la facultad de ser el primero en votar en el Senado en una época en que todas las votaciones eran públicas, por lo que todos los senadores podían ver la postura personal de Augusto. Había comenzado la época del imperio con Augusto como primer emperador.

Augusto no extendió el imperio, sino que lo consolidó; además, realizó una intensa labor en obras públicas y en saneamientos, y eliminó las aduanas interiores; todo ello derivó en un incremento de la actividad económica. A la vez, se legislaron ayudas para las familias numerosas.

Después de Augusto se entró en una situación de paz permanente durante doscientos años —la Pax Romana (14-235)—, en la que expansión y consolidación continuaron, lo que vino favorecido por el hecho de que las provincias fueron integrándose más y más en la idea del conjunto que representaba el imperio y participando crecientemente en la administración del «Estado».[1] En el 117, con Trajano como emperador, el imperio alanza su máxima extensión.

Este magnífico período de paz iniciado tras Augusto estuvo, no obstante, acompañado de un lento aunque imparable declive económico ocasionado por los crecientes gastos del Estado, que fueron siendo financiados con una imparable depreciación monetaria que llevó a que, en doscientos años, la cantidad de plata por unidad monetaria pasase de un 95% a un 5% de su peso, aunque conservando las monedas su valor nominal, lo que fue ocasionando una fuerte inflación.

El emperador Caracalla (211-217) intentó solucionar la situación económica, agravada por la creciente concesión de títulos de ciudadanía, que comportaban la exención del pago de impuestos. Caracalla concedió la ciudadanía romana a todos los habitantes no esclavos a la vez que eliminó la exención del pago de tributos para los ciudadanos romanos; pero el ya imparable proceso de formación de grandes propiedades iniciado décadas atrás había ido formando una masa de minúsculos campesinos que no podían competir con las grandes extensiones, por lo que sus posibilidades de pagar impuestos eran casi nulas. Con el artesanado sucedió algo semejante al ir constituyéndose grandes talleres.

La situación fue degradándose de forma progresiva. El último intento de enderezar la situación de declive en la que se encontraba el imperio lo llevó a cabo Diocleciano (284-305). Diocleciano realizó una profunda reforma que pivotaba en una rígida centralización, estructurada sobre una desarrollada burocracia, y sobre la idea de que era todo el imperio el que sustentaba el poder imperial y no sólo las clases privilegiadas de las ciudades.

Este conjunto de hechos con implicaciones políticas, económicas, sociales y religiosas, unos hechos que trastocaron completamente la vida del imperio, su organización, su modo de hacer, y que la historia conoce como la crisis del siglo III, enmarcan una de las primeras crisis sistémicas ocurridas en los últimos dos mil años.

A partir del siglo III, el Imperio romano se transformó porque los hechos ocurridos durante la crisis y las consecuencias que de ellos se derivaron le hicieron perder «algo» fundamental que lo había caracterizado desde los tiempos de Augusto: su cohesión.

El pragmatismo del enfoque organizativo romano —de ahí la frase de Mussolini que encabeza este capítulo— fue viéndose superado por el coste del mantenimiento de la estructura que lo sustentaba hasta que éste se hizo inasumible. La evolución del entorno político, económico y social llevó a una situación insostenible y sin retorno: de ahí el dramatismo de la reforma de Diocleciano; pretendía revertir un camino —una evolución— que era inevitable.

El emperador Constantino (306-337) dio el golpe de gracia al imperio al conceder la libertad de culto al cristianismo en el Edicto de Milán (313) a fin de granjearse unos apoyos de los que carecía; y acabó de rematarlo el emperador Teodosio (379-395) al dividir el imperio (395) entre sus hijos Honorio y Arcadio (al primero le otorgó el Imperio de Occidente y al segundo el de Oriente —hecho que favoreció la entrada masiva de tribus germánicas que el ya en la práctica inexistente Estado no pudo frenar), y al declarar, en el 480, el cristianismo como religión oficial, lo que supuso a éste la obtención de un enorme poder al instaurar la alianza entre el poder terrenal y el eclesiástico y la politización de la religión cristiana. A su vez, significó el fin de un modo de «hacer las cosas»: el de un Imperio romano politeísta y con un emperador divinizado.

La Iglesia cristiana fue configurando una función de cohesión entre las fracciones en que se descompuso el Imperio romano. El vacío de poder creado por el proceso de derrumbe en que entró el Estado, junto con el desorden generado cuando éste como tal dejó de existir, favoreció la expansión tanto del cristianismo como de la institución eclesiástica, por lo que su vinculación con el atomizado poder político y económico era una conclusión lógica: ambos ganaban en el sistema que se constituyó.

También en China se produjeron una serie de cambios profundos provocados por la irrupción por el norte de los Hu —un grupo de tribus de etnia turca y del mismo grupo étnico que los hunos— a partir del 265, cuando finaliza el período de los Tres Reinos y hasta el 419. Este período de inestabilidad no finalizará hasta la ascensión de la dinastía Tang en el 618.

La crisis del siglo III significó la ruptura con el pasado, que tuvo lugar cuando a quienes habían alcanzado el máximo en su evolución ya no les fue posible realizar el cambio radical que hubiese sido necesario para que su sistema perviviese. ¿Por qué? Porque el sistema encarnado por el Imperio romano, o por la vigente estructura política y organizativa china, ya estaba agotado.

Tanto en Occidente como en Oriente, el cambio se dio a través de la irrupción de nuevos modos de hacer, distintos pueblos y formas de pensar. El cambio también vino propiciado por la extensión de dos religiones nuevas: el cristianismo en los antiguos territorios del Imperio romano y el budismo en China.

Del nuevo conglomerado que siguió a las irrupciones exteriores iría formándose una realidad sistémica estructurada según un modo de considerar la realidad cerrado y piramidal: el sistema feudal.

¿QUÉ SIGNIFICA ENFRENTARSE A UNA CRISIS SISTÉMICA?

Desde lo que convencionalmente se denomina año cero (aunque éste no existe), es decir, desde hace 2.009 años, tan sólo se han producido dieciocho crisis sistémicas; como hemos señalado, la del 2010 será la decimonovena, una crisis sistémica; por tanto, se trata de un suceso sumamente raro.

Como también hemos comentado, desde los inicios de nuestra era los sistemas han tenido una duración media de 250 años y su transcurso siempre ha correspondido a un proceso que se ha repetido de forma continuada: el sistema nace a partir de los principios filosóficos que se acuñan al final de la vida del sistema anterior, que constituirán la base de una nueva estructura que se conforma a partir de dichos principios. El sistema crece y se expande, pero llega a su máximo y empieza a declinar porque empieza a no poder cumplir las necesidades nacidas de la propia evolución de las cosas.

Llega un momento en que aparece una nueva filosofía que entra en conflicto con la filosofía aún vigente pero ya agotada, lo que desencadena una serie de tensiones muy profundas que dan lugar a la muerte del sistema en curso y al nacimiento del nuevo.

Es un esquema cíclico que se ha ido repitiendo de forma continuada e invariable; las crisis sistémicas también se dan de forma no cíclica, cuando la evolución «de las cosas» necesita que se introduzcan variaciones en el modo en que se hacen.

Una crisis sistémica, por tanto, da lugar a un cambio que afecta al modo como el sistema produce, se organiza, atiende su realidad social, desarrolla unas formas y planteamientos culturales u otros. Una crisis sistémica siempre es brutal, y violenta, porque trastoca los modos de hacer, y algo así siempre es traumático, fundamentalmente porque va acompañado de problemas, ya que, en principio, todo cambio es complejo al suponer que han de variarse formas y procedimientos.

El sistema vigente nació en 1820, como resultado de los efectos ocasionados por la interacción de una serie de circunstancias anteriores:

—1748: Montesquieu publica *De l'esprit des lois, Del espíritu de las leyes*; por primera vez se plantea la separación de poderes: legislativo, ejecutivo y judicial, todos ellos en la mano real.

—Segunda mitad del siglo XVIII: inicio del desarrollo de las *enclosures* («cercamientos»).

—1748: *Enquiry concerning human understanding, Investigación sobre el entendimiento humano*, obra de David Hume que aborda el empirismo y la observación como modos de trabajo y comportamiento, e introduce el principio del escepticismo.

—1762: Jean Jacques Rousseau publica *Du contrat social, El Contrato Social*, en el que se plantea el acuerdo entre el pueblo y el Estado.

—1769: James Watt patenta su máquina de vapor.

—1776: Adam Smith publica *An Inquiry into the Nature and Causes of the Wealth of Nations, Investigación sobre la naturaleza y las causas de la riqueza de las naciones*, obra que plantea las bases del liberalismo económico.

—1789: la Revolución francesa supone la abolición de la monarquía absoluta con tintes divinos.

—1792-1815: guerras de Coalición, reacción de las monarquías europeas a la Revolución.

—1815: Congreso de Viena. Restauración formal del Antiguo Régimen, aunque con una burguesía con creciente poder económico.

—1815: nace la oposición pueblo-burguesía al quedar legitimada la burguesía por la restaurada monarquía para explotar a la población, constituida en mano de obra a fin de profundizar en la acumulación de capital.

—1819: Arthur Schopenhauer publica *Die Welt als Wille und Vorstellung*, *El mundo como voluntad y representación*, obra en la que se expone que el hombre es guiado por el principio del egoísmo.

Las obras de Montesquieu, Hume y Rousseau sientan las bases filosóficas por las que se regirá el sistema capitalista, una vez el germen del individualismo ha prendido en las mentes de cuatro intelectuales de finales del siglo XVI que se dedicaron a extender el mensaje (religioso, de entrada: el calvinismo), y tras la eclosión de la Ilustración de la mano de John Locke a finales del XVII.

En lo económico, el proceso de cercado y parcelación de las tierras (las *enclosures*) mejoró extraordinariamente la productividad en la agricultura y generó una ingente cantidad de mano de obra que se desplazó a las ciudades, a los núcleos manufactureros en formación; la máquina de vapor de Watt posibilitó la localización de la producción allí donde se estimase oportuno y comenzó a incrementar espectacularmente la productividad; la obra de Adam Smith aplica el incipiente pensamiento liberal a la actividad económica. Todos ellos son elementos definitorios de la estructura que estará vigente en el nuevo sistema: el sistema capitalista.

La Revolución francesa no nació como una reacción de odio desatado contra la monarquía borbónica, por muy opresiva que ésta hubiese sido; de hecho, si en el seno de los constitucionalistas no se hubiesen producido tensiones y si Luis XVI hubiese aceptado y cumplido los principios de la Constitución surgida del hecho revolucionario, tal vez podría haber continuado en el poder como monarca constitucional. Lo que la Revolución supuso fue el fin del poder absoluto de un individuo —el rey— sobre bienes y personas, un poder que, según los principios al uso, procedía directamente de Dios. Ello posibilitó que las personas comenzasen a ser gobernadas por semejantes. Los hechos de la Revolución francesa representaron el final de los aspectos políticos del sistema mercantilista y de su ideología, y el nacimiento de una ideología nueva: el individualismo liberal.

Las guerras de Coalición que emprendieron las monarquías absolutas europeas (en las que se encuadra la guerra de Independencia española) contra el espíritu expansivo de la Revolución, ahora representado por Napoleón Bonaparte, y la restauración del Antiguo Régimen tras su derrota podrían parecer una vuelta al modo prerrevolucionario de hacer las cosas; sin embargo, la marcha atrás ya no era posible.

La burguesía, la nueva clase social encargada de poner en marcha la Primera Revolución Industrial a través de la nueva tecnología representada por la máquina de vapor, salió extraordinariamente reforzada y potenciada del período bélico; de hecho, antes incluso de que finalizase, fueron aprobadas las primeras leyes represivas de los derechos del pueblo en favor de la burguesía, las Combination Act, en 1799 y 1800, allí donde los avances técnicos y económicos eran mayores: en Inglaterra.

Las guerras de Coalición significaron el fin definitivo, real, del sistema mercantilista; a partir de ese momento, un nuevo sistema, el capitalismo industrial, liberal e individualista, comienza su expansión: en 1820, en el Reino Unido, es botado el primer buque con casco metálico, quintaesencia de la modernidad y la eficacia.

Los 68 años del período 1748-1815 debieron de ser atrayentes, fascinantes, pero a la vez terribles, violentos, inestables. Esos años acogen una crisis de final de sistema, y aunque en la crisis de 2010 el sistema capitalista no finalizará, se producirán profundos cambios como consecuencia de ella. De hecho, los tiempos que estamos viviendo se asemejan, en cuanto a significación sistémica, a los años del siglo XVIII en los que se definió la estructura que se desarrolló en el nuevo sistema, en el capitalismo.

«BROTHER, CAN YOU SPARE A DIME?»

They used to tell me I was building a dream,
and so I followed the mob,
When there was earth to plow, or guns to bear,
I was always there right on the job.
They used to tell me I was building a dream,
with peace and glory ahead,
Why should I be standing in line,
just waiting for bread?

«Brother, Can You Spare a Dime»
YIP HARBURG y JAY GORNEY (1931)

LA GRAN DEPRESIÓN

La Gran Depresión es el referente más próximo en el que podemos fijarnos a fin de intuir qué es una crisis sistémica y para adentrarnos en las consecuencias que una crisis sistémica desencadena; además, la del 2010 será una crisis de características muy semejantes a la de 1929, ya que, al igual que entonces, será abordado un cambio en el modo de enfocar la economía y la sociedad. Echemos la vista un poco atrás.

Hacia 1870 puede darse por acabada la que se conoce como la fase de acumulación originaria de capital, que fue lo que, en definitiva, caracterizó la Primera Revolución Industrial: la constitución de la base sobre la que se levantará el entramado de todo el sistema capitalista.

El sistema capitalista partía de tres principios que se consideraron inmutables:

1) Existencia de energía barata y en cantidad inagotable (este principio primero fue aplicado al carbón y posteriormente al petróleo).
2) Disponibilidad de la cantidad de mano de obra que fuese conveniente en cada momento (nótese que la localización geográfica de esa mano de obra no era importante, de ahí que hasta la década de 1970 fuese fun-

damentalmente continental —preferentemente nacional— y que a partir de dicho año comenzasen diferentes procesos de deslocalización en todo el planeta).

3) Libertad de acción de los propietarios del capital (capitales cuyos propietarios —personas físicas o jurídicas— pueden tener cualquier nacionalidad, sin influir ello en su operativa).

A lo largo del siglo XIX y sobre todo en su segunda mitad, los descubrimientos técnicos (mecánicos, siderúrgicos, químicos, ópticos...) fueron continuos, lo que fue mejorando la calidad de los procesos productivos redundando en el aumento de las cantidades producidas de todo tipo de bienes.

Este hecho, en principio magnífico, suponía no obstante requerimientos continuados de capital; al mismo tiempo las cada vez más rápidas mejoras técnicas que se iban produciendo exigían plazos de amortización más reducidos. En consecuencia, obtener capital pasó a ser un objetivo fundamental.

Esta situación fue derivando hacia una creciente vinculación entre industria y capital: para las unidades productivas la obtención de capital de forma rápida y segura devino esencial a fin de aplicarse a su actividad industrial; por ello, es en el período comprendido entre 1850 y 1870 cuando puede fecharse el nacimiento del capitalismo financiero.

Además, esta nueva orientación del capitalismo se vio reforzada y alimentada por el incremento del comercio internacional. La necesidad de ampliar mercados a fin de rentabilizar al máximo las inversiones realizadas, junto con la necesidad de invertir para ganar cuota de mercado exterior, llevó a la firma de acuerdos internacionales —Tratado Anglofrancés de 1860, creación de la Unión Monetaria Latina en 1865— que representaron un avance importante en la liberalización comercial y en la agilización de las transacciones financieras.

Pero los cambios que se dieron a partir de 1870 no afectaron sólo a la posición de algunos Estados. A escala mundial se fue entrando en una nueva época —Segunda Revolución Industrial—, en la que el capital como elemento central del proceso económico se convirtió en el eje alrededor del que se produjeron cambios paulatinos en el modo de producción y en las relaciones políticas, y que tuvieron su reflejo a nivel demográfico, filosófico, cultural y artístico:

> Con su explotación del mercado mundial, la burguesía ha imprimido un sesgo cosmopolita a la producción y consumo de todos los países. Para chasco y desazón de los reaccionarios, ha retirado de debajo de nuestros pies el mismísimo suelo nacional. Las viejas industrias nacionales se han ido —y siguen yéndose— a pique, presionadas por nuevas industrias cuya entrada en escena constituye un serio peligro para todas las naciones civilizadas. La vieja autosuficiencia y cerrazón a nivel local y nacional han dado paso a un movimiento y a una dependencia multilaterales de las naciones. Y esto no sólo en la producción industrial, sino también en la producción espiritual. Así, los productos del espíritu de cada nación se convierten en bien común. La unilateralidad y cerrazón nacionales tienen los días contados, mientras vemos cómo a partir de numerosas literaturas nacionales y locales se va formando una sola literatura mundial.[1]

El modo de producción industrial basado en la acumulación de capital y en el maquinismo había significado el triunfo de la burguesía industrial, pero también había demostrado que sólo los que mejor se adaptaban a las cambiantes y agresivas circunstancias incrementaban su cuota de poder económico. En la nueva fase, con modificaciones más rápidas, con una economía más globalizada, más interrelacionada y más compleja, el capitalismo financiero exageró aún más esa necesidad.

Es decir, lo que estaban recogiendo estos cambios, a nivel conceptual, no era más que la modificación habida en el soporte sobre el que hasta entonces se había sustentado la sociedad: la institución familiar empezó a perder importancia para ganarla el individuo.

Esta potenciación de lo individual incidió en la propia esencia de la burguesía y en la de la clase obrera: la clase capitalista era la que comandaba el proceso productivo, pero ahora lo hacía como un todo porque constituía un elemento individual y se comportaba como tal; por eso en la clase burguesa empezaron a aparecer poderosos magnates —«superindividuos», «superburgueses»— que iban acumulando un creciente poder. A la vez, la idea de «unidad corporativa» como un todo compuesto de «individuos trabajadores» fue ganando protagonismo en las reivindicaciones obreras. Este creciente individualismo se vio reflejado en la tendencia que empezó a adoptar el capitalismo. Porque paralelamente al acelerado desarrollo del capitalismo financiero no se produjo una mejora en las condiciones de la clase trabajadora; de hecho éstas empeoraron debido a la acentuación del individualismo.

La crisis de 1929 y la posterior Depresión, que colapsó la economía y la sociedad mundiales, empezaron a generarse en el mismo momento en que el capitalismo financiero que caracteriza a la Segunda Revolución Industrial se consolidó; por ello, la formación de la mayor crisis que hasta ahora ha padecido el sistema capitalista tuvo tres momentos claramente diferenciados. El primero, entre 1870 y 1914, en que el capitalismo dio un giro radical y el factor «capital» empezó a ser algo más que un mero factor productivo, y en el que comenzó una etapa diferente y nueva en la que los cambios de todo tipo acarrearon situaciones de ruptura respecto al anterior capitalismo, meramente productivo.

Durante la segunda fase, 1914-1923, la primera guerra mundial y la crisis de postguerra demostraron que la pretendida solución bélica sólo sirvió para arruinar a Europa, es decir, se produjo un trasvase definitivo del poder económico desde ésta hacia Estados Unidos. Este hecho ayudó también indirectamente al crecimiento industrial de Japón y a su expansión exterior, a partir de la pérdida de influencia del Reino Unido y Francia en el este de Asia debida a la guerra, así como al establecimiento de una estructura política fascista en el país sustentada en el corporativo capitalismo japonés.

Es en la tercera fase (1923-1929) cuando los cambios acelerados y no asimilados por el sistema sucedidos en la primera, junto con la cadena de dependencias generadas por la segunda, se fusionan con los efectos del fortísimo aumento de productividad habido en la década de los años veinte y con el auge ficticio que se desencadenó a partir de 1923 —los Felices Años Veinte—, tras la crisis de postguerra; todo ello contribuyó al desencadenamiento de la crisis de 1929.

La situación de crecimiento económico acelerado en la que se encontraba inmerso Estados Unidos desde las dos últimas décadas del siglo XIX —y cuya tendencia no detuvo la guerra— se vio reforzada por la recuperación de la crisis de postguerra. Los incrementos del consumo, tanto público como privado, que se generaron condujeron a un aumento de la oferta de todo tipo de bienes, lo que implicó alzas en la demanda de capital por parte de las unidades productivas y el lógico recurso a los mercados de capitales, forzando el retorno de fondos invertidos en Europa debido a la alta rentabilidad que proporcionaban los mercados de valores estadounidenses.

Pero la mala distribución de la renta —el 10% de la población estadounidense controlaba el 50% de la renta total— hacía que la mayor parte del consumo se realizara a base de crédito, un crédito que fue no sólo permitido sino fomentado, al igual que gran parte de las compras de las participaciones de capital que se pusieron a la venta en los mercados. Esta enorme demanda de crédito llevó a que las instituciones bancarias —muchas con una estructura reducida— entraran en competencia a fin de conseguir créditos, muchos de los cuales eran de muy alto riesgo.

A lo anterior se unió —en una situación de práctica ausencia de ahorro— la urgencia de obtener beneficios por parte de las compañías a fin de mejorar sus inversiones en bienes de capital y, por tanto, la valoración que pudieran hacer posibles compradores de sus futuras emisiones de acciones; ello llevó a numerosas compañías a realizar inversiones no planificadas, lo que fue generando estructuras productivas no convenientes y niveles de existencias desmesurados.

> ... el derrumbe del mercado de valores en otoño de 1929 estaba ya implícito en la especulación que le precedió. La única cuestión —o lo único cuestionable— en relación con esa especulación era el tiempo que aún duraría. En algún momento, más pronto o más tarde, comenzaría a debilitarse la confianza en la precaria realidad del valor siempre creciente de las acciones ordinarias. Cuando esto sucediese, ciertas personas empezarían a vender y esta acción destruiría la realidad de los valores en alza.[2]

Lentamente fue instaurándose una atmósfera de crisis en medio de una situación especulativa desquiciada, donde el comercio internacional y las inversiones exteriores comportaban que las economías mundiales fuesen cada vez más y más interdependientes, y en la que la ciencia económica tenía muy poco que decir, pues las recetas de los economistas clásicos desconocían el funcionamiento de las economías en su conjunto en situaciones de creciente interpenetración.

El desencadenante de la crisis estuvo en el agotamiento de la capacidad de endeudamiento de los consumidores debido a la creciente —y necesaria— demanda de créditos, lo que ocasionó impagos y un brusco descenso en la demanda de nuevos créditos, lo que llevó a un hundimiento del consumo que afectó de lleno a las compañías industriales, que vieron acrecentado el problema al mantener elevados niveles de existencias en sus almacenes debido a las anteriores expectativas de alzas en el consumo.

Las compañías industriales se vieron obligadas a reducir drásticamente la producción o bien paralizarla por completo, lo que generó oleadas de impagos al no poder afrontar ni los pagos a sus proveedores, ni los pagos de los créditos bancarios. Como consecuencia se produjo el hundimiento en la cotización de sus acciones.

Las fuertes inversiones que el sector agrario había realizado a lo largo de la década de los años veinte generaron en éste una situación de sobreproducción; a ello se unía el exceso de oferta de productos tropicales a la que se había llegado por la euforia de la década. El hundimiento del consumo afectó también a los productores tropicales y estadounidenses, que se vieron forzados a reducir sus precios, lo que llevó al hundimiento de sus beneficios, a la drástica reducción de las compras de abonos, maquinaria y utillaje —lo que afectó a las empresas industriales— y al impago de sus deudas.

El creciente cierre de empresas llevó al desempleo a un cada vez más elevado número de trabajadores, tendencia que se iba incrementando a medida que la crisis se extendía; este aumento del desempleo obrero implicó que los trabajadores tampoco pudiesen afrontar sus créditos, lo que, unido al impago de los créditos solicitados por los granjeros y de las deudas contraídas por las empresas industriales, generó una oleada de quiebras de instituciones bancarias. Se produjeron desahucios masivos, que implicaron el hundimiento de los precios de la tierra y de las propiedades inmobiliarias.

Los entrecruzamientos de bancos y mercados de valores provocaron el pánico bursátil, y contribuyeron al paro masivo de los obreros industriales y a los desahucios habidos en el campo, lo que desencadenó una situación de creciente miseria. Por otro lado, la extensión internacional de la crisis se produjo debido al encorsetado comercio exterior y a las transacciones de capitales.

El inicio de la crisis coincidió con elecciones presidenciales en Estados Unidos: a Calvin Coolidge (1923-1929) le siguió Herbert Hoover (1929-1933), cuyo gabinete tuvo que afrontar la nueva situación. Rápidamente, en el mundo académico y empresarial se formaron dos posturas contrapuestas. Por un lado, los defensores de mantener una línea de actuación clásica y fundamentada en que el mercado reconduciría automáticamente la situación. La caída del factor trabajo —decían— haría descender los salarios, lo que llevaría a un aumento en la demanda de factor trabajo que ocasionaría la recuperación del consumo.

Por otro lado, había quien argumentaba que el mercado era insuficiente para revertir la situación debido a la creciente complejidad e interdependencia de la economía, así que con una postura no intervencionista podría llegarse a una situación de equilibrio en la que la oferta se adecuase a una demanda reducida y se mantuviese un elevado nivel de desempleo obrero.

El presidente Hoover se decidió finalmente por la intervención y, entre 1930 y 1932, se pusieron en marcha una serie de medidas consistentes en programas de ayudas a la agricultura y a los desempleados, en el incremento de los aranceles y en préstamos a la banca y a las compañías industriales. El fracaso de las medidas fue rotundo:

> En 1933, el Producto Nacional Bruto fue aproximadamente una tercera parte inferior al de 1929. Hasta 1937 el volumen físico de producción no alcanzó los niveles de 1929; pero inmediatamente volvieron a retroceder. Hasta 1941 el valor de la

producción en dólares fue menor que el de 1929. Entre 1930 y 1940 sólo en una ocasión —1937— bajó de ocho millones el número de parados. En 1933 había en Estados Unidos casi trece millones de trabajadores en paro, es decir, uno por cada cuatro del total de la fuerza de trabajo del país. En 1938 una persona de cada cinco seguía todavía sin empleo.[3]

La evolución de la crisis provocó que los poderes de los países más desarrollados buscaran un culpable. Por su rigidez para actuar en situaciones como las que estaban afectando al capitalismo, las grandes burguesías nacionales demandaron a los gobiernos que se desprendieran del corsé que significaba el patrón oro, pues la cantidad de dinero en circulación debía estar vinculada a la cantidad de oro de que disponía un país, oro que, además, debía utilizarse para liquidar los saldos negativos en el comercio exterior.

A partir de 1931 los países occidentales fueron abandonando el patrón oro; el primero fue el Reino Unido. El razonamiento era simple: la inexistencia de un índice que ligara la cantidad de metal en reserva con la oferta monetaria de dinero y, consecuentemente, con la cotización de una moneda permitiría a los Estados devaluar sus divisas e incrementar las exportaciones, beneficiándose de ello los márgenes capitalistas.

Todos los países esgrimieron este argumento, y los efectos de las devaluaciones fueron quedando rápidamente anulados a medida que se extendía su puesta en práctica; quedó fijado, a nivel referencial, el precio de una onza troy de oro en 34 dólares estadounidenses, un precio absolutamente arbitrario.

En 1933 accede a la presidencia estadounidense Franklin Delano Roosevelt. Roosevelt decidió desarrollar una activa política intervencionista en línea con lo propugnado por el keynesianismo; para ello se procuró el apoyo de los sindicatos ofreciéndoles el desarrollo de un programa limitado de seguridad social.

Su programa económico, el New Deal, se fundamentó en cuatro columnas: el seguimiento sectorial de la economía a través de agencias que se ocupaban del análisis de las actividades concretas de cada sector económico; la reducción de las subvenciones agrícolas a fin de que la oferta agraria descendiese; medidas orientadas a que los diferentes sectores industriales practicasen una competencia limpia; y puesta en marcha de una ambiciosa política de obras públicas. Paralelamente, el patrón oro fue abandonado, y el dólar, devaluado.

El problema radicaba en que el marco en que estas medidas se llevaron a cabo era de concepción clásica, es decir, no intervencionista, así que, al no modificarse los planteamientos generales, cuando en 1937 se redujo el gasto público también se frenó el proceso de recuperación.

En Europa el alcance de la crisis fue desigual: entre 1929 y 1932 el índice de precios al mayor cayó desde el nivel 100 hasta el 67 en el Reino Unido, hasta el 68 en Francia —al igual que en Estados Unidos— y hasta el 70 en Alemania.

Los efectos de la Gran Depresión fueron demoledores, después nada fue igual: ni en la economía, ni en la sociedad, ni en el ámbito familiar. John Kenneth Galbraith, testigo de excepción del desastre, escribía en 1954: «A primera vista, la calamidad de los años veinte menos probable parecería ser otro alocado auge especulativo de la Bolsa con su inevitable derrumbe. Cuando aquellos días de desencanto terminaron, decenas de miles de norteamericanos movieron sobrecogidos sus cabezas y murmuraron: "Nunca más"».[4]

Las consecuencias del crash del 29 no fueron verdaderamente superadas hasta la segunda guerra mundial: la guerra equivale a producción, pero, tras el fin de las hostilidades, y teniendo en cuenta el aumento de la capacidad productiva así como de la productividad que el sistema podía afrontar en función de los constantes nuevos avances, tanto en el plano de la técnica como en el de la organización, era preciso aumentar la dimensión de los mercados, y para ello era necesaria la liberalización de los intercambios internacionales.

No obstante, para profundizar en la liberalización del comercio a escala mundial había que abordar la remodelación del sistema monetario que no favorecía los intercambios porque las soberanías nacionales tenían un peso decisivo en las consideraciones particulares con que los Estados trataban sus respectivas monedas. En consecuencia, era imprescindible un nuevo sistema monetario cuyo objetivo fuera facilitar el comercio internacional y que contemplase en sus normas la realidad que iba a prevalecer tras el fin de la guerra.

En 1942, en plena contienda mundial, se celebraron una serie de reuniones secretas entre economistas británicos y estadounidenses con el fin de trazar las líneas maestras de un sistema monetario para el mundo que surgiera de la guerra. Esas reuniones cristalizaron en una cumbre de varios países que tuvo lugar en la localidad estadounidense de Bretton Woods, en julio de 1944.

En esta Conferencia Monetaria y Financiera de las Naciones Unidas, celebrada en el complejo hotelero de Bretton Woods, New Hampshire, entre el 1 y el 22 de julio de 1944, expertos de varios Estados capitalistas y de economías más o menos libres acordaron las bases del que sería el nuevo sistema monetario internacional (aunque en la práctica lo que se hizo fue rubricar la propuesta hecha por Estados Unidos). En ese momento quedaron trazados los principios de funcionamiento del nuevo modelo económico-social —y en consecuencia político— de la postguerra, orientado hacia la acumulación de capital a partir del pleno empleo de todos los factores productivos y construido a modo de freno de la previsible expansión de lo que más tarde se denominaría «socialismo real».

En Bretton Woods quedó constatado, como corolario de las tres guerras que desde 1870 habían sacudido a Europa y ya sin ningún lugar a dudas, que el Viejo Continente había perdido su protagonismo político y económico, sustituido por Estados Unidos en su antiguo papel de rector de un mundo, ya en 1944, escindido en dos bloques, adoptando aquéllos el papel de locomotora económica y de escolta ante posibles ataques del bloque oriental liderado por la Unión Soviética; el precio que la arruinada Europa tuvo que pagar fue aceptar cumplir siempre las políticas que en cada momento Estados Unidos decidiese.

El resultado de la cumbre de Bretton Woods fue un nuevo sistema monetario ausente de trabas y limitaciones que representasen una barrera al expansionismo estadounidense. La idea consistía en vincular el dólar al oro creando unas instituciones poco coercitivas pero que sólo concedieran ayudas a los países que las necesitasen si éstos amoldaban sus políticas económicas a las prescripciones de los organismos de control que se fueron creando, organismos diseñados de acuerdo a las prescripciones de la única economía verdaderamente potente.

A nivel operativo y para regir el nuevo sistema monetario se fundó un organismo con arreglo a los nuevos parámetros: el Fondo Monetario Internacional (FMI), que, con el tiempo, se convirtió en el guardián del mantenimiento de la pureza del capitalismo a través de dictámenes y recomendaciones de obligado cumplimiento para los Estados que solicitan las ayudas económicas necesarias para el «desarrollo», ayudas concedidas por el también creado entonces Banco Internacional para la Reconstrucción y el Fomento (BIRF), el Banco Mundial. El precio fijado para el oro fue de 34 dólares estadounidenses por onza troy, el mismo que el acordado en 1934, un precio totalmente ficticio en términos del valor real del dólar en oro.

Las consecuencias del abandono del patrón oro fueron las derivadas de pasar de un sistema monetario en el que las monedas tenían un valor intrínseco a otro en el que su valor dependía de elementos externos y, en numerosas ocasiones, no controlados por el propio país emisor de la divisa, tales como el «nivel de confianza de su economía» o el «riesgo que a nivel internacional mostrase un país», riesgo que era evaluado por agencias de calificación, las mismas cuyas actuaciones fueron tan cuestionadas en septiembre de 2007 cuando se manifestó la crisis de los llamados «activos tóxicos».[5]

Además, como los Estados ya no tenían que garantizar el respaldo de la oferta monetaria existente, los gobiernos se atribuyeron unas facultades para financiar las actividades que considerasen más oportuno realizar. Y estos gobiernos salían de unos partidos políticos que no hacían sino representar los intereses de las grandes burguesías nacionales y de las cada vez más potentes compañías multinacionales, máxime considerando que el tipo de cambio de esas monedas ya no iba a depender directamente del saldo de su balanza comercial.

Sin embargo, fue el ciudadano medio quien soportó el mayor impacto: la población se vio forzada a aceptar un dinero cuyo valor intrínseco era nulo y cuyo valor efectivo variaba en función de unos parámetros que en absoluto controlaban.

Aunque en un principio fue el sistema capitalista en su conjunto el beneficiado de este cambio, quienes en mayor medida aprovecharon sus implicaciones fueron los propietarios del capital; las poblaciones de los países capitalistas fueron receptoras de los efectos de la expansión económica que el nuevo sistema monetario ayudó a generar, una expansión inestable y sustentada en la dependencia política y económica con respecto al dólar estadounidense.

EL ESPEJO EN EL QUE MIRARNOS

La Gran Depresión es el espejo en el que mirarnos, ante todo porque lo sucedido en los años treinta constituye una de las tres crisis sistémicas que, hasta ahora, se han producido en el capitalismo.

El comportamiento de los sistemas es cíclico, y sus fases se adaptan a un ritmo delimitado (véase el «Anexo 1», gráfico 2): partiendo de una posición neutra, se inicia una fase de expansión que alcanza un máximo a partir del cual declina y se contrae para, llegado a un mínimo, iniciar la recuperación. Procesos cíclicos se dan en numerosos fenómenos de la naturaleza.

Un sistema, sin embargo, responde mejor al ciclo representado en el gráfico 3: tras el final de un sistema se produce la recuperación desde el mínimo en que se produjo su muerte, y una posterior expansión; llegado a un máximo evolutivo, el sistema comienza a declinar y a contraerse hasta que, por agotamiento de sus elementos, muere.

En la realidad, el proceso es un poco más complejo. Al final de la fase de declive y muerte del sistema anterior (gráfico 4) se forman los antecedentes de lo que será el nuevo sistema. Nace (gráfico 5) y, a medida que van formándose sus características, va conformándose su base económica hasta que, a partir de un momento, comienza a crecer verdaderamente. Llegado a su máximo, se inicia la fase de declive y muerte y, al final de ésta, la generación de los antecedentes del sistema que sucederá al presente (gráfico 6).

En este ciclo, todo sistema tiene una duración media de 250 años. El avance evolutivo se produce porque la posición final tras la muerte del sistema es superior (mayor, mejor, cualitativamente al menos) que la de partida (representada por la ganancia del gráfico 5).

Respecto a los antecedentes de nuestro sistema, éstos se formaron en el período 1748-1820; en 1820 comienza un proceso evolutivo en el que van sucediéndose las cuatro fases ya enumeradas (tres, en realidad, al ser la muerte del sistema el momento final de la fase de declive), fases que, a su vez, son ciclos en los que se da la secuencia recuperación-expansión-declive-contracción (gráfico 7). Mucha atención a los años de inicio y finalización de cada fase y al momento en el que hoy se halla el sistema actual, el nuestro, el sistema capitalista: el punto «P».

Todo muy bien delimitado, ¿verdad? Demasiado bien, en realidad. A medida que un sistema evoluciona se producen «agotamientos» —rigideces, desajustes— que el sistema es incapaz de corregir con las herramientas del modelo vigente. En esos períodos el sistema se agota: no responde a las necesidades del momento, a la evolución que han vivido elementos que conforman la realidad, por lo que llega a un punto en que es preciso que se produzcan una serie de cambios en el sistema a fin de ajustarse a la realidad. Esas rigideces constituyen la manifestación de las crisis sistémicas.

Como hemos señalado, en el sistema en curso, hasta el presente momento se han producido tres crisis sistémicas (gráfico 8).

La primera se produjo en 1820; fue una crisis de niñez, de falta de experiencia ante la situación creada por la Primera Revolución Industrial. Tras la revolución de 1789, que supuso el triunfo de la nueva ideología, y tras el Congreso de Viena de 1815, que posibilitó un nuevo orden social caracterizado por la oposición entre la pujante clase burguesa y el pueblo, utilizado como herramienta acumuladora, se puso definitivamente de manifiesto el agotamiento del sistema anterior, el mercantilista, y la necesidad de una nueva contextualización de la realidad representada por el maquinismo y recogida por Arthur Schopenhauer, en 1819, en su obra *El mundo como voluntad y representación*, en la que quedaba nítidamente expuesto el principio del sistema capitalista: que el hombre es guiado por el principio del egoísmo.

La segunda crisis sistémica del capitalismo ocurrió en 1875, y fue una crisis de adolescencia. Acabada la fase de acumulación originaria de capital, la base sobre la que levantar el entramado capitalista, el sistema empieza a internacionalizarse, superando las divisiones y las fronteras.

En 1864 tuvo lugar la Primera Internacional Socialista, el primer intento de la clase obrera de superar el concepto de país. En 1869 se inauguró el canal de Suez, lo que acortaba el viaje entre Europa y el Sudeste Asiático y que, fundamentalmente, favoreció al Reino Unido. En 1871, coincidiendo con la guerra Francoprusiana, nació el Imperio alemán, que durante unos años sería la mayor potencia europea. En 1874, en Estados Unidos, la mayoría demócrata en el Congreso posibilitó el acercamiento entre el Norte y el Sur del país, lo que supuso el inicio de su despegue económico. Dos años después, también en Estados Unidos, se patenta el teléfono. Y en 1884 la Conferencia de Berlín procedió al reparto entre las potencias europeas de la última parcela virgen del planeta: África.

Esta internacionalización del sistema abrió la puerta al incremento de la productividad y a un cambio en el modo de hacer las cosas. Unos años antes, en 1859 y 1860, se habían producido dos hechos trascendentales: la puesta en marcha, en Estados Unidos, de las primeras explotaciones petrolíferas, y en Bélgica, la producción, por vez primera, de energía eléctrica, ambas las energías de la Segunda Revolución Industrial.

Los cambios de toda esta cadena de hechos fueron profundos. Pocos años después comenzó la reducción de la jornada laboral al ser necesario que la clase trabajadora dispusiese de mayor tiempo libre para consumir los bienes generados por la productividad en aumento; a su vez, la internacionalización fomentó la expansión de capitales y el imperialismo.

La tercera crisis sistémica que se produjo en el sistema capitalista fue la de 1929, una crisis de madurez: el sistema alcanzó un grado de desarrollo que imposibilitaba continuar operando como hasta entonces. (Recuérdese que el desencadenante de la crisis fue un fortísimo incremento de la productividad sucedido, sobre todo, en la década de los años veinte, pero cuya llegada fue preparada desde la década de los diez con el inicio del uso intensivo de la organización taylorista.) El sistema asumió su papel: sentó las bases del crecimiento, se forjó un período de auténtico bienestar, en el que sistema y población se identificaban, lo que dio lugar, tras la segunda guerra mundial, a la etapa de crecimiento más larga y, sobre todo, estable que se haya producido en la historia (gráfico 9).

Pero a partir de 1973 todo empezó a cambiar. De los dos supuestos básicos sobre los que se había sustentado el sistema —la baratura y la inagotabilidad de la energía—, el primero finalizó bruscamente y comenzaron a producirse una serie de rigideces monetarias e inflacionarias que desembocaron en un cambio en el patrón de crecimiento (gráfico 10).

A partir de entonces el crecimiento fue menor en términos acumulativos y mucho más inestable. Con el tiempo fueron poniéndose de manifiesto nuevas rigideces monetarias, cambiarias, especulativas, lo que se intentó compensar con deslocalizaciones de la producción y del capital —la globalización de los mercados—, que provocó un creciente desempleo. Éste se compensó con un mayor consumo en servicios, lo que supuso el desplazamiento de ingentes cantidades de factor trabajo desde el sector secundario hasta el terciario.

No obstante, ese desplazamiento ha llevado aparejado un menor ingreso medio de la población ocupada debido a que el factor trabajo va siendo remunerado con salarios medios reales que crecen muy poco o nada. A fin de compensar este extremo, el sistema va liberando aceleradamente el comercio internacional, lo que redunda en mejoras de la competitividad y abaratamiento de los precios de numerosos bienes y servicios, a la vez que se va permitiendo a la población un mayor, más fácil y más rápido acceso al crédito.

De las tres recesiones[6] habidas a partir de principios de los años ochenta se salió con una reducción significativa de los tipos de interés y/o una mayor permisividad en el acceso al crédito, tanto para empresas como para familias y personas, y tanto en la cuantía como en la acumulación de deuda. El resultado de esta política ha sido un aumento progresivo en el nivel de deuda privada de las distintas economías.

A su vez, la política fiscal, el instrumento compensador por excelencia utilizado por gobiernos tanto de izquierdas como de derechas durante los años cincuenta, sesenta y setenta, fue iniciando un progresivo retroceso manifestado en dos niveles: por un lado, la reducción de la presión fiscal; por otro, la pérdida de importancia de la imposición directa en relación con la indirecta. Francia, país socialdemócrata por antonomasia, constituye un ejemplo clarificador: «Hoy, ser keynesiano consiste en reducir los déficit públicos».[7] «La izquierda no corre peligro de ser derrotada por la derecha pero sí por los impuestos y las tasas.»[8]

Un extraterrestre que, desde el espacio, hubiese observado el desarrollo de los acontecimientos entre mediados de los años ochenta y principios del nuevo milenio, hubiera visto un progresivo y rapidísimo crecimiento del crédito a empresas y particulares, así como de la búsqueda de la productividad como objetivo: «Una compañía que apuesta su futuro en su gente debe prescindir de ese 10% más bajo y seguir prescindiendo de él cada año para mejorar su nivel de competitividad y liderazgo.»[9]

La política, reflejo de la deriva económica que el sistema iba adoptando, acuñó un mensaje que satisfacía al poder económico —presión fiscal: la imprescindible; dimensión del Estado: la conveniente; intervencionismo económico: el mínimo—, pero que, a la vez y en teoría, se preocupaba por la ciudadanía y proclamaba la igualdad de oportunidades. La Tercera Vía de Anthony Giddens es el punto de partida de esta tendencia, y 1997, el momento en que comienza a aplicarse en el Reino Unido, con Tony Blair y el (New) Labour Party, y a servir de inspiración a otros países.

«No existen en la economía globalizada de hoy derechas o izquierdas, sino buena o mala gestión del espacio público.»[10] «De la misma manera que la industria ya no se basa en la producción masiva, el sector público tiene que dejar de ser el monolítico proveedor de los servicios.» «El Estado del bienestar del siglo XX trató a los ciudadanos como iguales. El del siglo XXI tiene que tratarlos también como individuos.» «Si creéis en justicia social, en solidaridad, en igualdad de oportunidades y en responsabilidad, entonces creed en las reformas necesarias para conseguirlo.»[11]

En lo social, el impacto de esta cadena de procederes ya era plenamente perceptible a principios de este milenio: «En 1970 [en Estados Unidos] el máximo responsable de una empresa cobraba cuarenta veces el salario medio de un trabajador, y en el año 2000 cobraba mil veces más. En los últimos veinte años la renta en Estados Unidos creció el 30%, pero en las familias de clase media la renta sólo ha subido un 10%».[12] «Hemos vuelto a la era del Gran Gatsby [...] En 1970, el 10% más rico de la población acaparaba el 33% de los ingresos. En treinta años, la tendencia ha sido volver a 1920, cuando imperaba la jerarquía social y el 10% de la población recibía el 45% de los ingresos.»[13]

La última vuelta de tuerca a este modo de hacer las cosas se dio en el año 2003. La recesión del 2000 (por el fin de fiesta de la burbuja puntocom) se solucionó con el inicio de una oleada de especulación inmobiliaria en muchos países y con la puesta en marcha de una serie de redes financieras basadas en el apalancamiento de deudas sustentadas en unas expectativas que, en última instancia, se basaban en la creencia de que el valor de los bienes inmuebles iba a continuar creciendo indefinidamente y nunca se produciría el impago de los créditos hipotecarios involucrados en esa especulación inmobiliaria.

El plan era ingenioso: conceder créditos hipotecarios a personas a las que ninguna entidad financiera se los concedía debido a su nula solvencia financiera y, además, sin cuestionar el valor asignado a los inmuebles a hipotecar. A continuación se ponía en marcha un procedimiento por el que un conjunto de esos créditos eran «empaquetados», «cortados a trozos» y convertidos en garantías de unos bonos que eran asegurados, emitidos y renegociados hasta la saciedad. Se ha estimado que un dólar estadounidense invertido en el proceso en el año 2003 podría haberse convertido en 60 dólares en el año 2007.

El problema radicaba en la nula calidad de la deuda y, además, en la penetración que esos fondos contaminados hicieron en el conjunto de la economía gracias a la globalización, es decir, a la absoluta facilidad de los capitales para desplazarse de un punto al otro del planeta.

Lo que en realidad estaba sucediendo es que aquel período de bienestar, aquel «ir-a-más» en el que el sistema comenzó a entrar a principios de los años treinta y que se consolidó con un crecimiento espectacular en el que «todos ganaron» a partir de mediados de los cincuenta, empezó a agotarse a principios de los setenta; el «todos» fue convirtiéndose en «algunos», aunque la ilusión permaneció gracias a la generalización del acceso al hipercrédito y a la cadena de manipulaciones financieras que todo el mundo —compañías no financieras, entidades crediticias, familias, gobiernos locales y nacionales e, incluso, los entes estatales— aceptó. Pero la estructura que había posibilitado ese período de bienestar ya estaba herida de muerte: el sistema estaba creciendo, básicamente o, mejor aún, únicamente a base de deuda y de manipulaciones financieras.

El conocimiento que la opinión pública tuvo de las hipotecas basura, las *subprime*, en septiembre de 2007, no fue más que la manifestación de un modo de hacer las cosas totalmente agotado y, por tanto, insostenible, y el inicio de un período de precrisis que desembocará en la crisis del 2010.

LA CRISIS DEL 2010

Mama, take this badge off of me
I can't use it anymore.
It's gettin' dark, too dark for me to see
I feel like I'm knockin' on heaven's door.

«Knockin' on Heaven's Door»
BOB DYLAN (1976)

LOS ANTECEDENTES

El año 2003 no fue un año más: fue el año en que comenzó la aceleración en el consumo, en el que el *boom* inmobiliario alcanzó velocidad especulativa, en el que los productos financieros exóticos empezaron a proliferar, en el que se produjo el derrumbe definitivo de los tipos de interés, el año en que comenzó la euforia, y en el que se generaron los antecedentes inmediatos de la crisis que comenzará en el 2010.

Existe un elemento fundamental a la hora de explicar los patrones del crecimiento económico mundial: el consumo de petróleo.[1] Han ido juntos, han sido y son inseparables: la correlación entre la evolución del PIB del planeta y el consumo de crudo es prácticamente total: el 99,7466 %.

La correlación entre consumo de petróleo y crecimiento económico cobra una espectacularidad máxima al aplicar el modelo de Marion King Hubbert.[2] Lo que dice el modelo y nadie ha desmentido es que, cuando se ha extraído la mitad del contenido de un yacimiento —pico—, los costes de extracción, literalmente, se disparan; a partir de aquí pueden establecerse picos medios para un país, para un continente o, incluso, para el planeta.[3]

El momento en el que se produce un *peak oil* depende de varios factores, aunque fundamentalmente son tres: la tendencia evolutiva de la demanda y la de la oferta, y las reservas que se van descubriendo.

The Association for the Study of Peak Oil and Gas, la ASPO, en el congreso que celebró en Barcelona en octubre de 2008, situó en el año 2012 el momento en el que el planeta alcanzaría el *peak oil*; a partir de entonces la producción mundial disminuiría a un ritmo del 3 % anual mientras que la demanda continuaría creciendo, cada año, a una tasa del 1 %.[4]

Por otra parte, los descubrimientos que se van realizando apuntan a una insuficiencia de la oferta para nutrir a la esperada creciente demanda, y, tan decisivo como lo anterior, la extracción de ese crudo, cuando se haga y a no ser que la tecnología de extracción evolucione espectacularmente, será muy costosa debido a la situación de los yacimientos.[5]

La conclusión de todo esto es que existe un problema en relación con el petróleo (con todos los recursos, en general: agua, uranio, cobre, madera...), y el problema radica en que la evolución del PIB del planeta así como el de cada país, es decir, del crecimiento económico, está de tal modo vinculado a la disponibilidad de *commodities* (que abarcan todos los productos objeto de comercialización: materias primas, mercancías...), de petróleo en especial, que rigideces —no ya carencias— en su obtención desencadenarán problemas irresolubles en todos los órdenes de la economía.[6] En resumen, la idea es que la tendencia que muestra la disponibilidad de recursos en general y de petróleo en particular a precios asequibles y durante un amplio período es claramente decreciente.[7]

Lo que se obtiene aplicando el modelo de Hubbert a la evolución del PIB del planeta (véase el gráfico 11) es un punto de inflexión en el año 2003 que correspondería al *peak oil* que Hubbert había calculado para el año 2000. A partir de aquí y operando en el modelo con datos del PIB se obtiene una ruptura en el crecimiento de características muy semejantes a la acaecida en 1973, ruptura que se manifestaría en el año 2010. El resultado de esta ruptura sería el inicio de una nueva fase de crecimiento económico para el planeta con una tasa media de entre el 1,0% y el 1,3%, dentro de una franja cuyo máximo estaría situado en el 2,6% y su mínimo en el –0,5%. Algunos autores calculan caídas más pronunciadas, por lo que, en este caso, las cifras anteriores serían incluso optimistas.

Si lo que ahora están preguntándose es si los porcentajes anteriores son pobres o suficientes, quédense con lo siguiente: durante los pasados años de euforia, las tasas de crecimiento han sido:[8]

Año	OCDE	Mundo	España
2004	3,3	4,0	3,3
2005	2,0	4,9	3,6
2006	2,2	5,1	3,9
2007	2,3	5,0	3,7

No es momento ni lugar para analizar si las tasas de crecimiento expuestas han sido suficientes o no: lo importante es que los años citados están bastante próximos como para que se tenga perfecta conciencia de su desempeño económico.

Han sido años en los que se nos decía que todo iba bien, años de crédito asegurado, de dinero barato, de deuda creciente, de consumo al alza, de *boom* inmobiliario, de empleo en aumento (aunque no entremos a analizar su calidad...), de beneficios pujantes, de sonrisas, de lujosos automóviles aparcados junto a atiborrados restaurantes y bares de diseño, de viajes a lugares exóticos, de caprichos costosos, de teléfonos móviles que cada dos meses eran sustituidos por un modelo más sofisticado, de entrenadores personales, de jóvenes mantenidos y mimados por sus familias hasta el máximo al que cada familia podía llegar. Han sido años de tipos de interés permanentemente a la baja, de especulación inmobiliaria, de segundas y terceras residencias, de comprar sobre plano y vender sobre obra; años para soñar.

Bien, decidan ustedes si esas tasas de crecimiento han sido suficientes, y cuando lo hayan hecho compárenlas con las previsiones a que apunta el modelo, esas mismas, aunque existan previsiones más pesimistas; a continuación, extrapolen qué condiciones de vida serán las más probables con tales tasas de crecimiento.

«Ir-a-más» es muy fácil; estar mejor, disfrutar de unas buenas o muy buenas condiciones de vida es sencillo; lo duro es retroceder, empeorar el estándar de vida, decrecer, «ir-a-peor»; y va a suceder, porque el modo en que se ha estado creciendo durante estos años pasados es insostenible, y su insostenibilidad ha llevado al sistema a su agotamiento. En el futuro, oficialmente se dirá que fue a mediados del 2010 cuando comenzó verdaderamente la crisis; sin embargo, la crisis del 2010 empezó a gestarse mucho antes: en 1991.

Tras los ajustes monetarios de 1987 y tras las bajadas de los tipos de interés con que Alan Greenspan inauguró su presidencia en la Reserva Federal, se produjo la toma de conciencia entre los «hacedores de la economía internacional» de que era posible una expansión del consumo en un escenario de inflación contenida.

El truco radicaba en que el crédito financiara una demanda creciente, que era alimentada por una oferta que constantemente buscaba el abaratamiento de sus costes productivos mediante el aumento de la productividad y a través de una serie de actuaciones que, aunque no nuevas, se expandieron como una mancha de aceite a partir de estos años. Entre ellas, con luz propia, destacaba el *offshoring*: la deslocalización de la producción de bienes y servicios allí donde su elaboración resultase más barata.

Todo este arsenal de medidas se puso en marcha con la recesión de 1991, cuya llegada a España se retrasó hasta el fin de los Juegos Olímpicos y de la Expo de Sevilla. La recesión del 91 ha sido una de las más cortas de la historia reciente; coincidió en el tiempo con la primera guerra del Golfo y con la desaparición de la Unión Soviética y tuvo su manifestación en una fuerte restricción del consumo. ¿Cómo se salió de ella? Dando crédito a quien no se le hubiera concedido antes y permitiendo endeudarse a quienes jamás se les hubiera anteriormente permitido; de alguna manera de la recesión se salió, podría decirse, utilizando una técnica muy antigua: imprimiendo billetes, pero esta vez sin imprimirlos físicamente.

El resultado fue satisfactorio, tal y como muestran los incrementos habidos en los PIB, tanto de la OCDE como a nivel mundial:

Año	OCDE	Mundo
1991	0,8	1,8
1992	1,9	2,5
1993	1,3	2,6
1994	2,9	3,9
1995	2,0	3,7
1996	3,0	4,2
1997	3,4	4,2
1998	2,7	2,8
1999	3,4	3,6

Insistamos en ello: la rápida recuperación de la recesión de 1991 se produjo gracias al crédito y al aumento de la deuda privada, pero tuvo una consecuencia que entonces nadie vio o nadie quiso ver: la creación de una bola de nieve cuyo tamaño fue aumentando aceleradamente. Se concedían créditos para invertir y para consumir, pero no para sostener, sino para crecer. La economía fue basándose cada vez más en el crédito, máxime cuando a partir de 1998 se generó la burbuja puntocom: la especulación financiera basada en las acciones de las compañías vinculadas a internet —¿recuerdan la compañía española Terra?—: «En este mercado, mientras más dinero se pierda, más valioso se es».[9]

Una nueva vuelta de tuerca se dio con la recesión del año 2000, cuyo desencadenante fue la explosión de la burbuja de internet y que se manifestó a partir de los sucesos del 11-S.

Año	OCDE	Mundo
2000	3,8	4,7
2001	0,8	2,2
2002	1,6	2,8

¿Cómo se salió de esa recesión? Nuevamente recurriendo al endeudamiento, pero en esta ocasión de forma masiva, creciente, coincidiendo, además, con el hundimiento de los tipos de interés, y trasladando al mundo inmobiliario y a la especulación financiera a él asociada el crecimiento económico, un crecimiento basado en la creencia de que el valor —y el precio— de un inmueble nunca desciende, y también extendiendo la concesión de créditos hipotecarios prácticamente a cualquier persona que lo solicitase;[10] a ello se unió un aumento brutal de los créditos al consumo necesarios para financiar el hiperconsumismo individual y familiar. (Al final del proceso, tras la constatación del fiasco de las hipotecas basura, las *subprime*, en septiembre de 2007, se produjeron inyecciones masivas de capital en la especulación con las materias primas, que se manifestó en precios del petróleo cercanos a los 150 USD por barril en julio de 2008.)

El resultado de esta hipercreditización fue un elevado crecimiento —véase el cuadro de la pág. 99— entre el año 2004 y el 2007, pero a costa de un aumento sin parangón en el endeudamiento: se estaba creciendo a base de crédito, crédito que muchas entidades financieras nutrían con fondos demandados a otras entidades financieras en infinita sucesión: el caso español sirve como ejemplo.

La manifestación de esta acumulación de deuda titulizada y negociada hasta la saciedad se produjo en septiembre de 2007.

EL PERÍODO DE PRECRISIS

Septiembre es un mes más del año: principia el otoño, el verano puede darse por acabado con el inicio de los colegios, es el mes de la vendimia. Pero el mes de septiembre del año 2007 será recordado en los libros de historia por haber sido el mes en que dio comienzo el período de precrisis que, a mediados del 2010, desembocará en una crisis sistémica, la crisis económica y social más profunda por la que el capitalismo ha pasado desde la Gran Depresión de la década de 1930, y que supondrá la reformulación de una serie de elementos que caracterizan su modo de producción.

Además, el mes de septiembre de 2007 marca el principio del fin del sistema económico en que nos hallamos inmersos desde hace casi dos siglos, ya que la crisis de 2010 hará evolucionar el sistema siguiendo un proceso estructuralmente semejante al que el sistema mercantilista vivió en la segunda mitad del siglo XVIII hasta su total transformación en uno muy diferente: el nuestro. La crisis del 2010, por tanto, será consecuencia del proceso de muerte de la estructura actual; muerte que, por dramática que pueda parecer, no hace más que encuadrase en la dinámica histórica que lleva aconteciendo los últimos dos mil años. Ésta supone que los sistemas, como todo ente vivo, nacen, crecen, evolucionan, se agotan y mueren.

La tendencia que está manifestándose en el sistema nace tras el estallido del crash del 29 y se muestra en el estado de bienestar en el que el planeta ha estado inmerso, una bonanza que ha ido llevando a la economía mundial hacia una situación continuada de «ir-a-más».

Esa tendencia significó una ruptura radical con el pasado, ya que supuso un cambio drástico en el modo como «se hacían las cosas», que se manifestó a través de la unión entre trabajo e instinto de supervivencia que se dio en la sociedad y que se dirigió hacia ella, y que se concretó en un crecimiento económico continuado y sin parangón en la historia. Sin embargo, tal bienestar, tal etapa de «ir-a-más», de crecer, ha dejado de lado algo imprescindible: la estabilidad.

La estructura actual se halla en proceso de profunda modificación debido a que la búsqueda del éxito individual, consustancial a la evolución que ha experimentado el sistema, ha desatendido la necesidad de cumplir las cláusulas de estabilidad contenidas en el proyecto iniciado en 1929. El giro adoptado por el sistema tras el crash del 29 ha hecho que el planeta haya crecido, mucho, muchísimo, cada vez con más fuerza, pero a costa de entrar en un gasto de todo tipo de recursos desmedido e insostenible que, en la mayor parte de las ocasiones, ha derivado en el puro y simple desperdicio.[11]

El motivo de tal desperdicio ha sido la propia filosofía capitalista. El capitalismo es individualista, es decir, cada individuo debe mirar para sí —hacer lo mejor posible lo que le corresponde hacer— a fin de avanzar en su evolución personal, lo que incluye obtener la máxima ganancia en los actos económicos en los que participa, y de lo que se deriva que ningún ente supraindividual, como el Estado, ha de preocuparse de los problemas y quehaceres de los demás porque cada cual debe resolver sus problemas por sí mismo.[12] En consecuencia, cada individuo actuará del mejor modo que pueda y sepa para sí; pero esa forma de proceder lleva implícito el desperdicio de recursos.[13]

Entre 1973 y 1984, con las dos crisis energéticas, el sistema avisa de que al ritmo de consumo a que están siendo sometidos los recursos, especialmente el petróleo, difícilmente se podrá continuar avanzando al ritmo adoptado desde 1950.

La respuesta llega en la década de los ochenta con el inicio de la mejora de la productividad, pero ello tiene una consecuencia muy perniciosa para el sesgo consumista en que desde el final de la segunda guerra mundial se basa el sistema, ya que desvincula el crecimiento económico del empleo de los factores productivos, de tal modo que comienza a ser posible crecer sin aumentar proporcionalmente la cantidad de población ocupada; sin embargo, este principio individualista no se eliminó, ni siquiera se matizó; es más, se aceleró: la aparición de los yuppies y la expansión del proceso globalizador lo atestiguan.[14]

En los años ochenta se tendría que haber diseñado una estrategia colectiva y participativa a fin de optimizar la utilización de los recursos, una estrategia que hubiese redundado en la disminución de su consumo; no se hizo porque era imposible, ya que continuó pensándose en términos de individualismo tal y como marcaba el principio capitalista. Debido a la evolución sistémica, tal estrategia fue ya inimaginable a partir de 1995, cuando el proceso se convirtió en postglobal gracias a las tecnologías de la información y de la comunicación: las TIC.

Es decir, hemos llegado a un punto en que el sistema está agotado porque, en su forma actual, ya no es sostenible.

La crisis del 2010 será de características muy parecidas a la de 1929: fin de un modo de hacer las cosas, aunque, a diferencia de lo sucedido en 1929, el hundimiento no llegará por sorpresa; de hecho, no está llegando por sorpresa.

La sociedad de los años veinte vivía totalmente centrada en su presente inmediato, en el día a día; la de 2010 dispone de una amplia perspectiva temporal. Entonces la crisis se presentó, literalmente, de ahora para luego; ahora la caída se está produciendo a cámara lenta desde el mismo momento en que comenzó el último *boom* en el año 2003 y, más concretamente, desde la manifestación de la problemática de las hipotecas basura en septiembre de 2007.

Este tiempo previo —la precrisis— del que ahora disponemos nos posibilita instaurar una serie de amortiguadores, fundamentalmente financieros y presupuestarios. Además, el modelo de protección social —inexistente en los años treinta—, aunque no sea simétrico en todos los países ni se dé en todas las economías, mitigará el impacto de la crisis cuando estalle en 2010; no obstante, el efecto compensador del modelo de protección social será limitado y decreciente debido a los progresivos recortes que la propia evolución del sistema lleva tiempo forzando en el modelo, recortes que se acrecentarán a medida que la crisis vaya ocasionando el descenso en los ingresos públicos al ir menguando la recaudación fiscal.[15]

En septiembre de 2007 todo comenzó a transformarse. Rápidamente fue imponiéndose la idea de que las cosas no iban tan bien como hasta aquel momento, sobre todo los políticos, habían asegurado. Esa constatación está siendo paulatina, aunque sus efectos son acumulativos y están incidiendo, sobre todo, en la confianza: el *link* que mantiene conectados todos los elementos del sistema, una confianza que lleva meses decreciendo y agrietándose, máxime desde que a partir del verano de 2008 comenzaron las intervenciones masivas y directas en numerosas entidades financieras tanto de Estados Unidos como de Europa, realizadas directamente a través del Estado o de otras entidades privadas que contaban con el soporte del Estado; de hecho, en estas intervenciones se detecta el germen de la concentración que paulatinamente irá imponiéndose en el subsector financiero de todos los países.

Las intervenciones de unas entidades en otras, incluso del Estado en países tan contrarios al intervencionismo estatal como Estados Unidos, se enmarca en el decorado de cierta previsión que diferencia la crisis de 2010 de la de 1929, intervención que, desde los primeros momentos, se ha traducido en la imposición de políticas y medidas concretas como precio a la recepción de las ayudas estatales, medidas que fueron aceptadas como un «mal menor».[16]

Así, la crisis que dará comienzo en el 2010, por un lado, será menos dura que la de 1929 debido a que se está contando con un período previo en que pueden tomarse medidas preparatorias. Sin embargo, a nivel social, y a diferencia de la del 29, en la que la institución familiar aún desempeñó un importante papel al brindar apoyo a sus miembros, en ésta ni la familia ni ningún otro apoyo de semejante calibre estará presente, al contrario. Pero, por otro lado, será más trascendental que aquélla, pues se producirá en un entorno de agotamiento sistémico. Tras la del 29, la tendencia fue la mejora: «ir-a-más», ahora, tras alcanzar un máximo bienestar, la tendencia está apuntando hacia el empeoramiento, hacia el «ir-a-menos».

En 2010, como el concepto de responsabilidad personal será uno de los ejes fundamentales de la nueva filosofía ya gestada, los apoyos exteriores a la persona, como los procedentes del Estado, serán prácticamente inexistentes; a lo sumo, aunque a nivel únicamente individual, cabe pensar en la instauración de una especie de subsidio de subsistencia que garantice la supervivencia con unos mínimos, hoy inimaginables e inaceptables, para la ciudadanía de los países desarrollados y a fin de que sus perceptores se impliquen activamente en la búsqueda de alternativas, es decir, se responsabilicen de su propia existencia.

La sensación que desde el verano de 2008 comenzó a asentarse en las mentes de las ciudadanías se fue traduciendo en una muy suave aunque creciente reducción del consumo, sobre todo desde la primavera del 2008, y abiertamente desde el verano de dicho año.

Los políticos de los diferentes gobiernos europeos, el gobierno de Estados Unidos, el japonés, el ruso, incluso el chino han ido lanzando mensajes de calma y desmintiendo una problemática que ha ido ganando fuerza día a día. A lo largo de 2008, según la definición técnica de recesión, diversos países han entrado en ella: Dinamarca e Irlanda fueron los primeros; en otoño, Francia reconoció que probablemente acabaría el año 2008 con dos trimestres de crecimiento negativo del PIB, poco importa que, cuantitativamente, no fuese así.[17]

La economía mundial lleva años funcionando por inercia, con el piloto automático en gran medida programado con la filosofía inherente a la divisa «el mundo va bien». Lo que en el fondo significa esto es que el sistema no está preparado para actuar en situaciones de verdadero riesgo porque lleva muchísimos años sin enfrentarse a una auténtica crisis. Por ello, las medidas que se están adoptando y se adoptarán hasta mediados de 2010 serán un «ir a salto de mata», un ir «tapando agujeros», sin un plan determinado, intentando salvar la situación, salir del paso sin tener la percepción cierta de que la economía mundial se halla a las puertas de una crisis sistémica, y creyendo, en un principio, que se trata de un revés temporal. El problema reside en que no se ha prestado suficiente atención a los cambios acaecidos desde 1995.

Como sucedió entre 1748 y 1762, cuando la evolución llevó a una nueva filosofía en el sistema mercantilista, la que sentaría la base filosófica del sistema capitalista, desde 1995 se ha estado definiendo una nueva filosofía en el sistema, una nueva filosofía que habla del individuo como parte de un colectivo, no como un ente disgregado de la colectividad, tal y como estableció el capitalismo en sus inicios; un colectivo paulatinamente modelado por una productividad creciente y por una progresiva tendencia a usar más que a poseer, un colectivo cada vez más influido por la necesidad de comunicación en todos los ámbitos, incluido, cómo no, el productivo.

Paralelamente, el consumo de recursos y, más aún, la evolución esperada de la tendencia del consumo de recursos —de todo, incluido el consumo de algo que hoy es esencial: el ancho de banda por el que transitan las comunicaciones— muestra un panorama insoportable para el *stock* de recursos hoy existente y disponible.

En septiembre de 2007, este hecho comenzó a manifestarse con toda su crudeza (como muestra sirve el incremento espectacular experimentado por el precio del crudo entre mediados de 2007 y mediados de 2008, y en el que influyeron tanto la tendencia de oferta y demanda como la especulación financiera sobre sus futuros). Una vez la crisis estalle, esto supondrá la paulatina imposición de limitaciones al uso y al consumo de recursos, bien a través del aumento de sus precios, bien a través de la restricción o denegación de su consumo, lo que acarreará la muerte de algunas actividades, que se revelarán ineficientes cuando se les impida el desperdicio.

A la vez, todas las deficiencias del sistema que hasta ahora se han ido constatando pero que habían quedado enmascaradas por la consigna «el mundo va bien», se evidenciarán: los problemas en el comercio internacional, la dependencia financiera de Estados Unidos, las tensiones que provocará un cada vez más devaluado dólar estadounidense, las consecuencias de la hiperespeculación financiera, del crédito concedido sin las más mínimas precauciones de seguridad, los crujidos de las varias Europas dentro de una Europa que no acaba de cohesionarse, los insuficientes pero crecientes gastos sociales, el agotamiento de la capacidad de endeudamiento de las familias, las diferentes burbujas inmobiliarias...

A partir de septiembre, todo lo anterior desembocó en una situación de recortes en la actividad (plasmada en un progresivo incremento de la tasa de desempleo) y de crecientes tensiones sociales. En consecuencia fue menguando la confianza, lo que contribuyó a que se degradara la situación y se desvaneciera la sensación de bonanza, cuyas implicaciones —mayor consumo, mayor endeudamiento— comenzaron a pasar factura.[18]

En septiembre empezaron a darse dos fenómenos. Por un lado, la volatilidad en los mercados bursátiles comenzó a crecer, lentamente al principio, y a pesar de que la tendencia de las Bolsas no fue, de entrada, decreciente, a la vez, las materias primas y *commodities* en general, muy especialmente el petróleo, empezaron a ser utilizadas de forma especulativa; poco importa que meses después su precio se hundiera, el mensaje estaba lanzado: había que mantener los rendimientos —financieros— al precio que fuese.

A lo largo de los meses de febrero y marzo, tanto en Estados Unidos como en la Unión Europea, van siendo cada vez más necesarias las constantes inyecciones de liquidez en el sistema realizadas por el Banco Central Europeo y por la Reserva Federal. Se pretende paliar así la sequía crediticia provocada por la creciente desconfianza que las entidades financieras se profesan a raíz de la situación creada por las *subprime* y por los bonos de baja calidad, aunque altamente calificados por las agencias de valoración, y que ha llevado a que los bancos no se presten fondos, lo que ha ido originando la parálisis del crédito. El 12 de marzo, el Fondo Monetario Internacional bendice que se utilicen fondos públicos para sostener bancos con problemas. Coincidiendo en el tiempo, comienza en Estados Unidos la «era del desendeudamiento».

Uno de los componentes esenciales de la crisis que dará comienzo en el 2010 será —ha sido— el progresivo proceso de desregulación de los servicios financieros, iniciado en Estados Unidos en 1980 con la derogación de la normativa implantada en 1933 por la que los bancos de inversión no podían adquirir bancos comerciales, y viceversa; en 1999, la Gramm-Leach-Bliley Act acabó con ciertas regulaciones que aún sobrevivían. Animada por la ausencia de regulación estatal y por las exigencias de sus juntas de accionistas de obtener mayores beneficios y crecientes cotizaciones de sus acciones, la gran banca estadounidense se lanzó a una política orientada al crecimiento, sustentada en el crédito y basada en tasas de apalancamiento en aumento.

Ante la dimensión de las consecuencias que tal política estaba empezando a insinuar, junto con el desconocimiento del volumen de activos «basura» emitidos y aceptados por las entidades financieras de todo el mundo, se entró en un proceso de ralentización del crédito que coincidió con el parón del subsector inmobiliario que, desde hacía un año, se estaba produciendo en los países en los que se había generado un *boom* de la construcción: fundamentalmente, Estados Unidos, Reino Unido (sobre todo Inglaterra), España, Irlanda y Australia; el *boom* de la construcción: el mecanismo utilizado por la banca estadounidense para crear los activos «basura» y extenderlos por todo el planeta.

A lo largo de 2008 la realidad iba mostrando lo que las previsiones realizadas en todos los países mostraban: el progresivo empeoramiento de la situación económica.[19] Todos los macroagregados sufrieron este deterioro, pero fue en el subsector financiero donde, debido a su protagonismo, este proceso se puso de manifiesto más visiblemente:

—16 de marzo: A fin de evitar su quiebra debido a la progresiva degradación del valor de sus activos, y con el respaldo de la Reserva Federal, el banco comercial J.P. Morgan adquiere el banco de inversión Bear Stearns.

—11 de julio: El Congreso de Estados Unidos aprueba el rescate del mercado hipotecario. La medida respalda explícitamente las entidades hipotecarias Fannie Mae y Freddie Mac, que poseen casi la mitad de la deuda hipotecaria nacional (25 billones de dólares; estas entidades compran las hipotecas aprobadas por las entidades que prestan el dinero para luego venderlas a inversionistas). La responsabilidad del Estado es directa pues se trataba de entidades semipúblicas; de hecho, el Estado había asegurado muchas de las operaciones realizadas por ambas.

—6 de septiembre: El Tesoro estadounidense decreta la nacionalización de las entidades hipotecarias Fannie Mae y Freddie Mac.

—14 de septiembre: Se produce la quiebra (la mayor de la historia estadounidense) de Lehman Brothers, uno de los grandes bancos de inversión estadounidenses; a su vez, otro banco de inversión, Merrill Lynch, es absorbido por Bank of America debido a sus problemas. Caída generalizada de las cotizaciones bursátiles.

—15 de septiembre: El Fondo Monetario Internacional declara que «lo peor está por llegar».

—16 de septiembre: Inyecciones masivas de liquidez realizadas por la Reserva Federal estadounidense, el Banco Central Europeo, el Banco de Inglaterra y el Banco de Japón, a fin de reducir la tensión en los mercados.

—17 de septiembre: En Estados Unidos, la Reserva Federal decreta la nacionalización de AIG, la mayor aseguradora del mundo.

—18 de septiembre: El gobierno estadounidense aprueba un plan de rescate estatal (0,7 billones de dólares) a fin de que bancos estadounidenses y no estadounidenses pero con negocios en Estados Unidos puedan cambiar sus activos contaminados por dinero público. Sin embargo, no se pondrán en marcha otras medidas de compensación social. Las decisiones tomadas por el plan, así como los gastos a que dé lugar, serán considerados procedentes. Hasta al cabo de seis meses el Tesoro no tendrá que dar cuenta al Congreso. La responsabilidad del Estado en las consecuencias de su actuación será nula.

—También en Estados Unidos, la Reserva Federal obliga a los bancos de inversión Goldman Sachs y Morgan Stanley a convertirse en bancos comerciales, por lo que quedarán sujetos a control por parte de la Reserva Federal. Esta medida supone la desaparición de la banca de inversión como tal en Estados Unidos.

—26 de septiembre: La entidad de ahorro estadounidense Washington Mutual, la principal caja de ahorros del país, es adquirida por J.P. Morgan.

—27 de septiembre: Irlanda es la primera economía de la Unión Económica y Monetaria (UEM) que entra en recesión técnica.

—28 y 29 de septiembre: Intervenciones de varios gobiernos europeos en diversas entidades bancarias a través de otras entidades bancarias. Caos en los mercados financieros y caída de las cotizaciones bursátiles.

—30 de septiembre: Los Estados irlandés y griego deciden garantizar el 100% de sus depósitos bancarios, lo que provoca tránsitos desde entidades financieras británicas hacia otras irlandesas.

—4 de octubre: La Cámara de Representantes de Estados Unidos aprueba el Acta de Estabilización Económica de Urgencia 2008, por la que el Estado destina 0,7 billones de dólares para sostener el sistema financiero, lo que representa la mayor dotación intervencionista desde el crash de 1929.

—5 de octubre: El Estado alemán declara que garantizará el 100% de los depósitos bancarios.

—16 de octubre: Propuestas para una reunión del G8 y Brasil, India, China y Sudáfrica en noviembre o diciembre, a fin de abordar la reforma del sistema financiero internacional. Gordon Brown, primer ministro británico, manifiesta que ya ha elaborado un proyecto de programa: en el corto plazo, estabilizar el subsector financiero a base de intervenciones en la banca, a fin de restaurar confianza; en el medio y largo plazo, realizar reformas en la arquitectura —estructura— financiera introduciendo elementos supervisores (de forma inmediata, creación de treinta colegios de supervisores que se ocupen de las mayores instituciones transfronterizas); también, convertir al Fondo Monetario Internacional en un superinspector que vigile si se cumplen los objetivos fijados; esa función deberá ceñirse a unos estándares que se aplicarán en todos los Estados).

—Ese mismo día, la UEM acuerda la creación de un grupo para atender las situaciones de crisis financieras que se manifiesten, grupo que podrá ser convocado en cualquier momento por cualquier miembro que sufra una crisis financiera; también plantea la necesidad de reforzar la supervisión del subsector financiero y que la lucha contra el cambio climático sea abordada por cada país mientras dure esta situación de tensión económica.

—17 de octubre: El Estado suizo entra en el capital de la banca UBS debido a la grave situación financiera que afecta a la entidad.

—18 de octubre: George W. Bush ofrece Estados Unidos para acoger una cumbre de líderes internacionales a fin de abordar las vías de solución a la actual problemática financiera y las formas de evitar que en el futuro se produzcan crisis similares. Realiza el anuncio tras mantener una reunión con el presidente de Francia, Nicolas Sarkozy, y el presidente de la Comisión Europea, José Manuel Durao Barroso.

—21 de octubre: El presidente de Francia, en una intervención ante el Parlamento europeo, defiende la creación de un «gobierno económico claramente identificado» en la zona euro y en colaboración con el Banco Central Europeo. Asimismo, propone que los países de la Unión Europea creen sus propios fondos soberanos y los coordinen entre sí a fin de invertir en las empresas comunitarias y evitar que caigan en manos de capital extranjero en un momento en que su cotización bursátil se encuentra en mínimos históricos.

—La Reserva Federal estadounidense decide avalar por un importe de 412.000 millones de dólares la compra de activos (pagarés, papel comercial...) de 50 fondos de inversión del mercado de dinero, fondos que se dedican a comprar este papel a empresas que los utilizan para sus gastos corrientes. La medida estará en vigor hasta abril de 2009.

—En Francia el Estado destinará 5.000 millones de euros a financiar a los ayuntamientos que no consigan financiación para su deuda.

—El gobierno argentino decide nacionalizar los fondos de pensiones privados. Justifica la medida como garantía del cobro de las pensiones, pues esos fondos pueden estar contaminados; como el hecho coincide con una grave situación financiera para el Estado, la lectura popular es que lo que pretende el Estado es disponer de los fondos de las pensiones y atender pagos corrientes.

—27 de octubre: En Estados Unidos se firma el acuerdo por el que el Estado nacionalizará parcialmente las nueve mayores entidades financieras del país y diez entidades regionales.

—En Kuwait, coincidiendo con la caída en el precio del petróleo (147 dólares estadounidenses a principios de julio de 2008, 59 el 27 de octubre), el Gulf Bank, el segundo mayor banco, es intervenido por el Estado debido a las pérdidas ocasionadas por sus inversiones en derivados bancarios y la depreciación del euro frente al dólar, lo que no impide retiradas de depósitos; a la vez, cae la Bolsa. En Dubai se da un fuerte enfriamiento de la demanda inmobiliaria.

—28 de octubre: El primer ministro del Reino Unido, Gordon Brown, esboza las que deben ser las líneas sobre las que se base la nueva «gobernabilidad» —la nueva estructura— financiera internacional: 1) Refundar el sistema financiero internacional, para lo que el FMI debe disponer de los recursos precisos para intervenir cuando sea necesario (por ello propone que China y los países petroleros del Golfo entren en el FMI), lo que lo convertiría en el Banco Central del mundo. 2) Poner en marcha reformas a partir de conclusiones sacadas de la actual situación. 3) Hacer lo necesario para que se recupere la confianza.

—29 de octubre: La Comisión Europea anuncia un plan de apoyo a la economía real cuyos objetivos declarados son «proteger el empleo, el poder adquisitivo y la prosperidad de los ciudadanos». Será presentado el 29 de noviembre. El plan se basará en medidas de corte keynesiano para impulsar la demanda: anticipar pagos de proyectos cubiertos por los fondos de cohesión, ampliar los criterios de utilización del Fondo de Ajuste a la Globalización, reforzar el capital del Banco Europeo de Inversiones a fin de atender a las pymes, reprogramar los recursos del Fondo Social Europeo a fin de «reintegrar a los desempleados en el mercado laboral», destinar ayudas a los desempleados para que creen empresas, estimular la eficiencia energética, promoviendo los automóviles verdes, por ejemplo mediante la concesión de préstamos a bajo interés a la industria del automóvil para su construcción, fomento de la exportación... El requisito de equilibrio presupuestario, que el déficit presupuestario no sobrepase el 3% del PIB, será interpretado con flexibilidad.

—30 de octubre: Dominique Strauss-Kahn, el director del FMI, anuncia que en la reunión del G20 del 15 de noviembre en Washington propondrá una estrategia de regulación global en torno a cinco ejes: 1) nuevo préstamo para solventar problemas de liquidez a corto plazo; 2) aumentar los recursos del FMI; 3) analizar las políticas económicas ejecutadas que han conducido a las burbujas financieras; 4) supervisar las nuevas regulaciones financieras diseñadas por el FMI y el Foro de Estabilidad Financiera (los grandes Bancos Centrales); 5) ayudar a replantear un sistema mundial más coherente. Dijo que el FMI no puede contentarse con ser un bombero.

—31 de octubre: En el Reino Unido, el Barclays Bank, necesitado de liquidez, como era de prever, vende el 31% de su capital a dos fondos soberanos de Qatar y Abu Dabi, presumiblemente a fin de que el gobierno británico no investigue sus cuentas.

—2 de noviembre: El Estado luso nacionaliza el Banco Portugués de Negócios debido a sus pérdidas ocultas.

—7 de noviembre: Los jefes de Estado y de gobierno de la Unión Europea acuerdan que la UE presente una serie de propuestas para definir un nuevo papel para el FMI en la reunión del G20 del 15 de noviembre, de modo que sea el auténtico gobernante de las finanzas planetarias, por lo que habrá que dotarlo de los instrumentos que necesite. El objetivo será «prevenir las crisis financieras y extender la competencia del FMI al conjunto de las cuentas de capital». Los grupos de trabajo que sean nombrados deberán entregar en cien días (a mediados de febrero de 2009) las propuestas concretas. Paralelamente, la UE propondrá: someter a especial vigilancia a las agencias de calificación de riesgos, la convergencia de las normas contables y la revisión del principio de «valor razonable» en la contabilidad a fin de que se aproxime al «principio de prudencia», establecer normas de regulación subsectorial que sean aplicables a todo territorio y a todas las instituciones, y establecer un manual de comportamiento para las entidades financieras para que no asuman riesgos excesivos.

—13 de noviembre: Cinco de los principales inversores estadounidenses en fondos de alto riesgo son llamados a declarar ante una comisión de investigación de la Cámara de Representantes por el papel desempeñado por estos fondos en la génesis de los problemas financieros internacionales (8.000 fondos de alto riesgo o *hedge funds* mundiales mueven más de 1,5 billones de dólares).

—15 de noviembre: Cumbre del G20 (más España y Países Bajos). Documento final: el FMI pide que los países destinen el 2% de su PIB a rebajas de impuestos a fin de estimular la economía. Antes de finales de diciembre debe haberse desencallado la Ronda de Doha a fin de profundizar en la liberación del comercio mundial. Regulación de mercados, productos y agentes financieros. Redefinición del funcionamiento de las agencias de calificación. Deben crearse cámaras de compensación de los intercambios en los mercados de tal modo que, mediante el cobro de una prima, se aumenten las garantías (esto se hace porque con los seguros de impagos de créditos, los Credit Default Swap [60 billones de dólares] los intercambios se realizan de forma bilateral y sin garantías de pago si, finalmente, se produce el impago). Supervisión de los *hedge funds*. La norma que ajusta los activos trimestralmente a su valor de mercado es óptima, aunque se verá si debe ser revisada cuando los mercados no funcionen adecuadamente. Analizar si el capital de las entidades financieras es el conveniente. Los paraísos fiscales ya no están de moda. (A finales de diciembre todo el mundo económico y financiero está convencido de que la reunión de Washington fue inútil.)

Llegado este punto, lo que estaba poniendo de manifiesto esta rápida evolución de los acontecimientos no era más que el agotamiento de un sistema que ya se sentía incapaz de revertir la situación por la que iba deslizándose. La sucesión de parches que en los meses siguientes fueron aplicando en el sistema financiero los diferentes Estados consiguieron mantener la situación bajo cierto control hasta la conclusión del proceso electoral en Estados Unidos.

Consecuentemente, a medida que vaya aproximándose el año 2010 irán imponiéndose los conceptos *utilidad*, *eficiencia*, *no desperdicio*, *aprovechamiento*, aunque ello suponga el abandono de posiciones hasta ahora inamovibles. Así, en Europa comenzará a abordarse una idea en su momento abandonada, la de «geometría variable»;[20] el tipo de interés puede no ser único y estar vinculado al destino que se pretenda dar a los capitales solicitados. A la vez, los conceptos *colectivo*, *coordinación*, *colaboración* —aunque sea asimétrica— irán adquiriendo una creciente importancia. En este momento será obvio que la idea de *ilusión* es algo que, definitivamente, ya pertenece al pasado.[21]

Entre septiembre de 2007 y octubre de 2009 se ha producido la fase previa a los años más duros de la crisis: 2010, 2011 y 2012, lo que ha supuesto que se fuesen implementando medidas enfocadas a evitar «ir a peor». En este decorado ha ido produciéndose el choque entre todo lo que brinda seguridad —empleo fijo, indexación de salarios con la inflación, responsabilidad social de las empresas, contratos indefinidos de trabajo— y la actuación orientada a la supervivencia —reducciones de plantillas, cese de actividades, reducciones de riesgos por parte de entidades financieras— pues, al ser la supervivencia lo único importante, el mantenimiento de la protección social, crediticia, laboral... entorpece las actuaciones necesarias para lograrla.[22]

Por ello, las políticas y actuaciones se centrarán en «lo básico», lo que provocará que se vayan instalando concepciones minimalistas y que gran número de servicios básicos —sanidad, educación...— entren en crisis. Ello afectará de plano al modelo de protección social, cuyo funcionamiento empeorará ostensiblemente —falta de recursos financieros, de profesionales, de materiales y equipos—, así como su grado de cobertura, generalizándose, además, el pago por los menguantes servicios recibidos por parte de sus perceptores —el denominado «copago»—, como ya sucede en varios países europeos.

La paulatina manifestación de este estado de precrisis ha ido desembocando en una situación en la que tan sólo las empresas muy pequeñas, las de tamaño mínimo, o las compañías gigantescas tienen posibilidades de subsistencia. Las empresas de dimensiones mínimas tienen la ventaja de su gran flexibilidad y adaptabilidad; las de talla gigantesca, la de tener acceso a enormes recursos aunque a costa de ir realizando constantes recortes y de estar en permanente reorganización. Esta tendencia se acelerará en los próximos años y repercutirá negativamente en la renta de las personas, de hecho, tan sólo la población activa altamente especializada en tareas verdaderamente útiles y de alto valor añadido y capaces de desarrollar una alta productividad tendrán en los próximos años garantizado el acceso a un empleo a tiempo completo.

El resultado de lo anterior será el desconcierto, entre otras razones porque faltará un plan a largo plazo, plan que, por otra parte, será imposible elaborar, porque las políticas hasta ahora utilizadas ya no servirán debido a la transición sistémica en que se hallan la economía y la sociedad, es decir, el sistema. En consecuencia, y como está ocurriendo ahora, tan sólo puede esperarse que en los próximos años vayan diseñándose medidas cortoplacistas a falta de una auténtica estrategia estructurada a largo plazo. En otras palabras: al margen de que se vayan apuntando algunas tendencias de futuro, lo cierto es que no se tendrá una idea clara de qué hacer.

Excepto por algunas protestas y reivindicaciones acaecidas en los últimos dos años, la población está encajando sin excesivos problemas los cambios que ha ido experimentando su estándar de vida; este hecho se ha producido tanto en el mundo desarrollado como en el subdesarrollado; es previsible que esta respuesta continúe en el futuro inmediato, fundamentalmente porque el número de alternativas va a ser escaso.

Es decir, las ciudadanías de los diferentes países perciben —y continuarán percibiendo— la existencia de problemas que serán muy reales, aunque los vivirían sin demasiadas tensiones. Sin embargo, es posible que ciertas estadísticas y que algunos datos puedan llegar a ser ocultados, manipulados e incluso falseados a fin de inyectar ciertas dosis de optimismo entre la población. Paralelamente puede incrementarse el control político que limite y dificulte la libertad de expresión, control que muy bien podría justificarse por la «lucha contra el terrorismo», lo que facilitará la censura de los temas considerados sensibles.

El período enero de 2008-octubre de 2009 debe ser entendido como un período bisagra en el que el objetivo único será —está siendo— prolongar la situación que se vive, alargar los propios recursos —«lo que se tiene»—, a fin de no perderlos: ahorros, ingresos públicos, recursos al crédito, ello independientemente de que el precio de las *commodities* pueda descender, lo que está provocando que se lleven a cabo reducciones generalizadas en todos los órdenes con la aplicación de recortes manifestados en auténticos y masivos «tijeretazos». Se pondrá especial atención al uso que se pretenda dar a los recursos, es decir, a la utilidad potencial de lo que se quiera hacer con ellos. En este período, las valoraciones que se realicen de la situación continuarán teniendo el sentido de «¡aún aguantamos!».[23]

Es decir, en esta etapa, va acentuándose el sentimiento de que lo único importante es la supervivencia, por lo que la confianza lleva meses decayendo y las creencias, las esperanzas y las ilusiones se tambalean. Especialmente significativo está siendo el impacto que la caída de la confianza está teniendo en la actividad económica —fabril, comercial, crediticia, financiera, bursátil— y particularmente destacable la velocidad de propagación de los efectos de la pérdida de confianza en los elementos característicos del sistema —solidez de la banca, capacidad de respuesta de los Estados...— manifestada, sobre todo, a partir de mediados de septiembre de 2008.

Los puntos de vista, las percepciones, los discursos han ido tornándose mucho más utilitaristas, más orientados hacia la operatividad, por lo que el mensaje de los políticos ha ido variando, pasando a un entorno más práctico y menos teórico; en este sentido sorprende la rapidez —diez días— con que se decidió la convocatoria de la reunión de los jefes de Estado del G20 celebrada en Washington el 15 de noviembre de 2008.

Las tendencias minimalistas se irán acentuando. Las consecuencias sociales de ello serán visibles; así, aceleradamente se irá aceptando la idea de que un título no es garantía de empleo, ya que en realidad lo fundamental son los conocimientos —adquiridos de la forma que sea— orientados hacia lo «útil», es decir, que sirvan para incidir en la practicidad de las cosas y para diseñar y elaborar bienes y servicios que sean auténticamente útiles; contrariamente a lo que podría parecer no escasearán fondos para realizar inversiones (en el planeta existe un exceso de liquidez), pero inversiones que estén orientadas hacia la eficiencia.

Durante este período de precrisis ya están adquiriendo un creciente protagonismo una serie de conceptos: *coordinación*, *colaboración*, *responsabilidad*, todos entendidos desde la perspectiva de la operatividad y enfocados a la optimización en el uso de los recursos. La idea será siempre la misma: una serie de personas, de entidades, de instituciones, se coordinan a fin de colaborar para alcanzar un objetivo que beneficie al conjunto. Uno de los ejemplos más significativos fueron los planes de rescate / salvamento / apoyo de las entidades financieras diseñados por los gobiernos de los países desarrollados entre finales de septiembre y primeros de octubre de 2008. En consecuencia, este modo de plantear la realidad está teniendo un efecto evidente en el modo de entender la individualidad.

Las circunstancias y la evolución de los acontecimientos están llevando aceleradamente, desde la manifestación del presente período de precrisis en septiembre de 2007, a la conclusión de que gran parte de la solución se halla en una nueva delimitación de los diferentes aspectos de las realidades económica, social y científica, lo que pondrá en marcha un proceso semejante (en sus principios) a las *enclosures* iniciadas en Inglaterra en la segunda mitad del siglo XVIII, por lo que se promulgará un gran número de normativas regulatorias que serán el embrión de una nueva estructura.

A lo largo de los meses comprendidos entre septiembre de 2007 y marzo de 2009, momento en que esta obra ha sido publicada, la tendencia ha ido apuntando hacia un progresivo y acelerado empeoramiento de las cosas se tomasen las medidas que se tomaran, lo que ha generado un sentimiento de impotencia en gestores y economistas y se ha traducido en una creciente desconfianza entre la población de todos los países, realidad que se irá acentuando en los próximos meses.[24]

Asimismo, de forma acelerada, se está percibiendo un paulatino descenso en la disponibilidad de recursos —crediticios, financieros, monetarios— e incluso respecto a las *commodities*, aunque, en la práctica, su oferta no se verá afectada debido a que el creciente desempleo derivará en una renta media en retroceso y en una caída de la demanda.

Manifestaciones del consecuente enlentecimiento de la actividad ya son perceptibles desde hace meses: progresiva degradación en el funcionamiento de los servicios públicos debido a la falta de recursos económicos de los ayuntamientos derivada de la menor recaudación, la ralentización en el ámbito monetario y caída en el bursátil, así como de la actividad comercial a nivel internacional, el parón en la inversión pública ya reflejado en los presupuestos estatales del año 2009... Paralelamente, y como consecuencia del continuado debilitamiento de los Estados, las grandes corporaciones están ya comenzando a adquirir un mayor protagonismo: rumores y ejecuciones de absorciones y opas entre compañías de diversos subsectores, así como medidas llevadas a cabo por parte de los Estados a fin de sostener, sobre todo, a entidades financieras, para evitar su caída por el riesgo sistémico que ello comportaría.

En consecuencia, las medidas que se irán adoptando hasta mediados de 2009 estarán dirigidas a «ir tapando agujeros», pero sin que lleguen a tener un impacto real porque se corresponden con estrategias de un modelo ya superado. El objetivo, por tanto, dejará de ser «trabajar para crecer» para convertirse en «trabajar para aguantar».

Esta situación irá traduciéndose en una creciente falta de expectativas, lo que llevará a que, a lo largo de todo el año 2009, vaya generalizándose la sensación de que «esto se acaba». Llegados a este punto, la crisis, de hecho, ya se habrá instalado en el planeta.

LA FASE DE CRISIS

Hacia principios del cuarto trimestre de 2009, la sensación será, previsiblemente, de que se está en el buen camino para solucionar los problemas, de que las medidas adoptadas están dando sus frutos, aunque en un entorno de escasez totalmente alejado de la percepción de bonanza del período 2003-mediados de 2007; esta sensación nacerá del hecho de que, aunque los recursos serán escasos, a base de regulaciones y sacrificios podrá disponerse de lo imprescindible.

A partir de octubre de 2009, y debido a la sensación —oficial, sobre todo— de que se está en el camino de la recuperación, posiblemente se ponga fin a las políticas restrictivas y minimalistas que se hayan ido adoptando. A la vez irá tomando cuerpo la idea de que es preciso un nuevo planteamiento para salir de la situación en que se halla el planeta, por lo que se realizarán serios intentos de aumentar la cooperación a nivel internacional que, pese a los buenos deseos, tan poco había avanzado en meses anteriores.

Sin embargo, de forma paulatina, y hasta mediados de 2010, se irán poniendo de manifiesto las contradicciones existentes entre la filosofía del actual sistema y la concepción de supervivencia propia de una situación de escasez. En gran medida debido a estas contradicciones, se irá extendiendo la percepción de que «las cosas no funcionan» tal y como, según la actual filosofía, deberían funcionar.[25]

Como hemos señalado, la Gran Depresión constituye uno de los mejores ejemplos de la combinación de dos de los peores aspectos que pueden darse en una economía: la sobreproducción y el subconsumo. A principios de 2010 se producirán las primeras manifestaciones evidentes de que una gran crisis está muy próxima, una crisis que no se debe a un sobreconsumo no satisfecho por una oferta limitada, sino a la escasez, tanto de recursos productivos como de capacidad de compra; ésta será una de las semejanzas entre las crisis de 1929 y la que se iniciará en 2010.

A partir de mediados del año 2010 la situación se degradará aceleradamente. Se vivirá al día, por lo que el «que cada palo aguante su vela» será ley. El desencadenante de la crisis, lo que hará que se llegue a la conclusión de que la crisis es inevitable, será, probablemente, un hecho que afecte gravemente a la capacidad de obtención de recursos, caso de algún tipo de desastre natural o provocado.

Debido a la entrada en crisis de los elementos fundamentales de nuestro sistema, se llega al agotamiento de la capacidad de competición, el espíritu que, desde su nacimiento, ha guiado al capitalismo. La razón será obvia: si el objetivo último es la supervivencia, ¿contra quién competir? Ello tendrá un efecto demoledor sobre los principios que daban sentido al concepto de *emprendedor*: ¿qué riesgo tomar para hacer algo nuevo si el reto consiste en sobrevivir?

Paralelamente, se irá manifestando la falta de disponibilidad energética —petróleo, gas— así como de la mayor parte de los recursos que son esenciales para la actividad económica, lo que acelerará la puesta en marcha de políticas tendentes a la determinación de las necesidades esenciales. Por eso probablemente se implantará la «regulación en el consumo» —el racionamiento— de muchos bienes y servicios que perfectamente puede ser complementado con alzas en sus precios a fin de forzar la reducción del consumo de los bienes y servicios racionados por debajo, incluso, de la capacidad de producción y suministro de la oferta; el objetivo será, claramente, el ahorro de recursos.[26]

Llegados a este punto se manifestará un problema que hoy ya ha sido abordado por algunos expertos: el excedente de factor trabajo de, sobre todo, media, baja o muy baja cualificación que en estos últimos años ha desempeñado tareas de bajo valor añadido y que, en gran medida, aunque no de forma exclusiva, se halla personalizado en la población de origen inmigrante; a esto se añadirán probables tensiones entre esta población y la autóctona debido a la escasez de empleos y recursos.

La dinámica regulatoria y de delimitación en vigor puede decidir la conversión de ciertos barrios en lugares vigilados en los que aislar personas no necesarias y calificadas como potencialmente conflictivas y donde llevarán una existencia marginal. Esta política puede llegar a ser ampliamente respaldada debido a las protestas sociales que la situación llevará meses generando y que, en algunas zonas, podrá dar lugar a la aparición de guerrillas urbanas.[27]

2011 será un año especialmente duro; de hecho será el peor de todo el período de crisis, lo que augura protestas sociales, tumultos y procesos reivindicativos. Debido a las carencias existentes, quienes posean activos tangibles, activos palpablemente útiles, tales como recursos o experiencia, tendrán auténtico poder. La especialización y la profesionalización serán, consecuentemente, muy valoradas, al igual que los inventos y las creaciones orientados a la eficiencia y a la optimización, por lo que la productividad aumentará. En un entorno como el descrito se exprimirán hasta el límite los recursos que se utilicen, incluido el factor trabajo, por lo que la sensación de «explotación» reaparecerá.

Fácilmente se alcanzarán pactos y acuerdos a fin de coordinar políticas, aunque no excesivamente rígidos, caso del impacto sobre el clima de los procesos productivos realizados según el nuevo enfoque, pudiendo llegarse a tomar medidas correctoras, aunque no por filosofía ecológica, sino debido a las consecuencias negativas que el cambio climático tiene sobre los recursos y su disponibilidad.

Debido a ello, es previsible que entre los años 2012 y 2015 se imponga un modelo de economía regulada en todos los países. La población asumirá las regulaciones debido a que éstas supondrán reducir su nivel de preocupación y de incertidumbre, pero también porque el paso en menos de cuatro años de una situación en la que los responsables económicos y los líderes políticos pregonaban las bondades del momento a otro de carencias generalizadas ha sumido a las ciudadanías en un auténtico estado de *shock*.

La regulación de la economía supondrá, de facto, la implantación de una economía de subsistencia, en la que los intercambios se reducirán a un nivel muy primario, y se recurrirá, en muchas ocasiones, al trueque. En ese escenario, el apoyo de instituciones y Estados estará dirigido, de forma específica y concreta, a las técnicas y los procesos orientados a la transformación de los recursos a fin de aumentar su utilidad y su aprovechamiento. En este entorno, una de las figuras que experimentarán una transformación más profunda será la del Estado.

En efecto, durante los años de crisis la importancia de las corporaciones aumentará aceleradamente consolidando un proceso que ya empezó en los años ochenta; este protagonismo creciente de las corporaciones se producirá a costa del papel del Estado: aquéllas irán desempeñando roles que hoy éstos llevan a cabo; de hecho, el declive del papel del Estado será uno de los signos más significativos de que el sistema político aún vigente está muriendo, al haber evolucionado el Estado hacia una posición cada vez más prescindible.[28]

Las corporaciones irán ganando poder en la vida económica y social, y la población lo asumirá y aceptará debido a su mayor operatividad en la gestión de unos recursos crecientemente escasos en comparación con unos Estados que se mostrarán impotentes para funcionar en un entorno que en nada se asemeja al que tenían que administrar apenas unos años antes; la población aceptará el poder de las corporaciones porque, de hecho, las corporaciones ya ostentarán el poder real cuando la población se aperciba de ello, debido a la creciente sensación de inseguridad económica producida desde septiembre de 2007, que ha ido preparando el camino a una oleada de absorciones empresariales que habrán ido alimentando ese poder corporativo.

En gran medida desarrollado por este poder corporativo, uno de los campos que a lo largo de estos años experimentarán un avance espectacular será la biotecnología en todos los posibles aspectos con ella relacionados, incluida la genética, lo que dará completo desarrollo al concepto de wetware (el hardware construido con elementos biológicos); el objetivo de tales avances será la mejora de elementos específicos de diversos subsectores bajo la óptica de la utilidad, la eficiencia y la productividad.

A lo largo del cuarto trimestre del año 2012 serán visibles los primeros signos de que la fase más dura de la crisis habrá pasado. Se manifestará una mayor accesibilidad a algunos bienes y servicios baratos de primera necesidad que ayudará a sobrellevar la generalizada situación de carencia; en esta línea es posible que se legalice la marihuana del mismo modo que la Volstead Act, la Ley Seca, fue derogada en 1933, durante la Gran Depresión; tal vez también sea gratuito el acceso a múltiples canales de televisión orientados al entretenimiento de una población en gran medida desocupada.

Entre los años 2015 y 2018, aunque todavía con innumerables problemas, se producirá una paulatina recuperación, pero no como hasta ahora ha sido tradicional tras los períodos de crisis, basada en el consumo: el binomio «crédito barato-dinero fácil» característico del período 2003-2007 está acabado, esa vía jamás volverá.[29] En consecuencia, al basarse la recuperación en la eficiencia, es decir, en la productividad, los ingentes excedentes de factor trabajo tan sólo podrán ser mantenidos con la implantación de un subsidio de subsistencia que asegure a esa población excedente un mínimo vital.[30]

La recuperación, por tanto, deberá sustentarse en una reestructuración de las relaciones productivas, en el desarrollo de nuevos recursos energéticos y materias primas, a lo que contribuirán los espectaculares avances de la genética. A lo largo del 2018 se irá asentando la percepción de que la crisis estará finalizando.[31]

A finales del 2018 la crisis se dará definitivamente —oficialmente— por concluida; sin embargo, nada será ya igual que antes de su estallido en el 2010.

Por pura lógica, la mayor parte de actividades que, al menos hasta ahora, han sido generadoras de PIB y que han ido desarrollándose en un ambiente de alegría y de aceptada bonanza no podrán seguir siendo las mismas que garanticen la supervivencia en una atmósfera de carencias generalizadas.[32]

Cuando, a partir de septiembre de 2007, se manifestaron los primeros problemas y la idea de «utilidad» fue calando paulatinamente en el día a día económico y social, las actividades y los subsectores que hasta ese momento habían llevado el peso del crecimiento no podrán seguir siendo los protagonistas, en la recuperación, de la generación de PIB debido a que lo habían sido gracias al crédito fácil, al dinero barato y al endeudamiento galopante.

También en septiembre de 2007 comenzaron a evidenciarse problemas en el subsector financiero que afectaron a la concesión de nuevos créditos así como a la renovación de muchos de los existentes, lo que fue dificultando la financiación de las actividades empresariales y el mantenimiento de los niveles de gasto de la población, todo ello en un entorno de deuda desorbitada.

Las implicaciones se concretarán, por un lado, en la imposibilidad de mantener el desmedido nivel de endeudamiento privado, lo que afectará negativamente al nivel de consumo; y, por otro lado, en el paulatino cierre de pequeñas y medianas empresas o a la reducción de sus dimensiones debido al estrechamiento continuado de sus márgenes, al descenso en el consumo y, por último, a la subida de los precios reales de la energía o de otros insumos, lo que irá incidiendo negativamente en sus costes.

A la vez, las crecientes reivindicaciones sociales que ya comenzaron a producirse en septiembre de 2007, junto con la multiplicidad de problemas manifestados en el sector financiero mundial, han ido desincentivando el consumo, pero sobre todo han ido generando un sentimiento de falta de confianza que ha ido alimentando una espiral deflacionista: alto nivel de endeudamiento, menor oferta crediticia, menor demanda de créditos, menor inversión, mayor desempleo de factores productivos, menor consumo...

En una dinámica tendencial de escasez de recursos y de gasto a la baja, las actividades vinculadas al aprovechamiento y a la optimización van a tener amplio recorrido. Profesiones relacionadas con la rehabilitación de todo tipo de elementos, con la recuperación, la reparación y la reutilización de bienes que hasta ahora eran desechados, así como con el reciclaje de artículos que hoy son considerados desperdicios y, por tanto, no son aprovechados, van a tener el éxito asegurado, para constituir el que puede ser denominado el sector R.

Es decir, primará la idea de reutilización, el concepto de barato, de *outlet*, de mercadillo, de útil, en definitiva, tanto porque las cantidades de recursos disponibles van a ser escasas como porque las rentas individuales medias van a sufrir un importante retroceso, a la vez que la capacidad de endeudamiento personal prácticamente desaparecerá.

Evidentemente, todos los aspectos relacionados con la logística van a ser esenciales, fundamentalmente porque una inmejorable logística es la base de la mejora productiva, al posibilitar la correcta administración y al contribuir a lograr costes aquilatados.

Y también, como ya se ha dicho, la biotecnología y la genética serán campos que experimentarán un desarrollo espectacular, aunque estarán reservados a grandes consorcios y a redes de colaboración, pues precisan de cuantiosas inversiones.

La creación de nuevos elementos va ser cada vez más difícil, por lo que habrá que sacar partido a todo lo existente; ésa será la idea fundamental de ese período, idea que puede ser resumida en una frase: «Lo necesario es lo importante».

Por otro lado, aunque la crisis será global, no todos los países sufrirán por igual sus efectos. De acuerdo con una posible evolución de los acontecimientos según lo hasta ahora acontecido, y considerando las estructuras económicas y sociales de las diferentes economías, pueden predecirse las siguientes tendencias.

La evolución de la economía de Estados Unidos durante la crisis será muy negativa. La crisis supondrá el fin de un período expansivo que comenzó en 1914, con el inicio de la primera guerra mundial, período expansivo que, sobre todo en los tres últimos decenios, ha estado sostenido por el resto del mundo a través del aporte continuado de capitales a su economía, lo que finalizará a medida que la situación económica vaya empeorando.

Tal evolución, en un país en el que, medido sobre el PIB, el consumo privado casi representa un 70% y el endeudamiento alcanza el 320%, tendrá amplias repercusiones sociales que podrán desencadenar importantes disturbios, que se verán agravados por el hecho de que una parte significativa de su ciudadanía posee armas de fuego. Los crecientes problemas en la economía estadounidense incrementarán la desconfianza y afectarán a la evolución de todas las economías, al ser el dólar estadounidense unidad de cuenta mundial y depósito de valor planetario.

En Alemania, desde el mismo año 2008, se ha ido produciendo una evolución cada vez más negativa. El país generará ideas de calidad, pero carecerá de los recursos necesarios para llevarlas a la práctica; justo lo contrario de lo que le sucederá al

Reino Unido. El hecho de que este país nunca acabe de estar totalmente vinculado a ninguna organización le está dando una gran libertad de acción para realizar lo que considere más conveniente. Detengámonos un momento en esta economía.

La economía británica tiene tres características que la hacen única: 1) no pertenece a ninguna área monetaria, ni forma parte de ninguna hiperasociación económica internacional con reglas imposibles de cumplir o con normas imposibles de saltarse, 2) el modo de ser británico es esencial, eminente e intrínsecamente práctico y flexible, y 3) históricamente Inglaterra (utilizo conscientemente esta denominación y no la de Reino Unido) ha demostrado tener «ideas», ideas que, puestas en práctica, han evidenciado su utilidad y sus posibilidades.

En muchos aspectos el Reino Unido es un micromundo. La región de Londres administra y atrae; Inglaterra —no toda— genera; Escocia y Gales reciben más de lo que generan. Irlanda del Norte simplemente estará ahí. Cuando la crisis estalle, parte del PIB que la región de Londres crea y administra caerá porque muchas relaciones financieras con el exterior van a desaparecer, pero no todas: la libra no es parte del euro, y eso le da autonomía de vuelo al no verse afectada por la marcha de otras economías.

En la zona euro, las monedas nacionales han desaparecido, pero no las economías nacionales. A medida que las agencias de calificación vayan rebajando las valoraciones de las deudas de muchas de esas economías (lo ocurrido a mediados de enero de 2009 con la deuda de España es un ejemplo), ¿qué empezará a suceder con el euro? La libra puede caer, o no, pero sólo tiene que responder ante sí misma (lo que no le sucede al dólar: las materias primas cotizan en la divisa de Estados Unidos).

Volviendo a la historia, Inglaterra ha sido la cuna de múltiples ideas que han supuesto un giro radical respecto a cómo estaban aconteciendo las cosas; por ejemplo, de la Ilustración.

Ya sé: algo que haya sucedido en el pasado no tiene por qué repetirse en el presente, ni en el futuro, pero sigan mi razonamiento.

Una de las consecuencias que esta crisis sistémica va a tener es el fin (el principio del fin) del pensamiento en singular, en individual; a partir de esta crisis se va a empezar a pensar a nivel grupal, global, sí, pero no tanto desde una perspectiva de «el conjunto de todos hacen un todo» como de «la suma de cada uno forma una colectivo». En el fondo una nueva forma de entender el sistema: un cambio en el sistema.

Pienso que Inglaterra se halla especialmente preparada mental y prácticamente para abordar ese cambio. Su no pertenencia a ningún club le permitirá hacer lo que crea más conveniente; su mentalidad anticipativa le hará ver que la colaboración multidimensional con un administrador neutral —el Estado— puede ser muy provechosa (pienso que no es imposible que en el próximo gobierno británico sea de unidad para «superar los difíciles momentos en que está inmersa la nación»); su carácter eminentemente práctico le va a permitir tomar decisiones y actuar pensando tan sólo en el objetivo final, con todo lo que ello comporta, naturalmente. ¿Que para acompañar al té sólo se dispone de una galleta? Pues una galleta. ¿Que para que aquellas personas estén ocupadas han de barrer? Pues que barran. ¿Que la banca —la totalidad de la banca— debe ser nacionalizada de forma que todo el país sostenga las entidades que canalizan y posibilitan la circulación financiera? Pues se hace. Es la nueva versión de lo que una corporación debe ser.

Pienso que la británica (la inglesa) es la única economía, la única sociedad que puede llegar a estos extremos, la única que puede diseñar los elementos esenciales de la estructura del nuevo sistema: tienen experiencia: ya lo hicieron en el siglo XVIII con las *enclosures*, y lo que diseñen será modelo de lo que va a venir después; como en el pasado.

En Francia se ha vivido una situación muy negativa a lo largo de 2008 que ha ido agravándose; la total pérdida de protagonismo político y económico del país será causa y consecuencia de ello; algo muy semejante a lo que le sucederá a España, donde la degradación de la situación ya empezó a percibirse en septiembre de 2007, poniéndose mucho más de manifiesto a lo largo de 2008 con menores crecimientos trimestrales hasta convertirse en negativos a partir del tercer trimestre de ese año; ello supondrá el fin del llamado «modelo español»: baja productividad, bajo nivel de empleo altamente productivo, elevado aumento del PIB sustentado en subsectores de bajo valor añadido. (Véase el capítulo dedicado a España, pág. 163.)

En Asia, Japón, a causa de la total internacionalización de su economía, se verá muy afectado por una situación que será de alcance mundial, aunque podrá sobrellevarla mucho mejor que otros países debido a la gran flexibilidad de su sociedad y al hecho de que su expansión geográfica le permitirá mover recursos hacia zonas más convenientes. Por su parte, la economía china evolucionará de forma muy negativa: su modelo productivo y social, basado en las exportaciones de bienes muy intensivos en factor trabajo, que se resentirán al decrecer el consumo mundial, y en un modelo de relaciones repletas de dobles sentidos y de oblicuidades, no será capaz de adaptarse a unos momentos en los que primará lo operativo;[33] por otro lado, su gran dependencia del exterior agravará estos problemas. La economía india, también altamente dependiente del exterior, se verá asimismo muy afectada.

Con todo, donde con mayor dureza se manifestarán los efectos de la crisis será en África y en Latinoamérica, en las denominadas, desde una perspectiva políticamente correcta, «economías emergentes», especialmente en la última por haberse hallado en una fase de expectativas en alza debido a la subida de los precios de las materias primas teniendo en cuenta la posición tan retrasada de la que parten sus economías.

De hecho, las consecuencias de la crisis pueden suponer el hundimiento total de sus incipientes modelos sociales, al desaparecer las ayudas internacionales y al decrecer durante la precrisis y la crisis los consumos de las *commodities* producidas por estas economías. Posteriormente, dispersas zonas de ambas áreas especializadas en la producción y exportación de recursos pueden ser explotadas por corporaciones prácticamente sin beneficio para las poblaciones de ambos continentes.[34]

En términos generales, la problemática que afecta al medio ambiente, hoy muy estudiada y discutida, y que el Protocolo de Kioto pretende reducir y que para numerosas personas e instituciones se ha convertido en una cuestión de carácter ideológico, será progresivamente abandonada desde esa vertiente ideológica y crecientemente abordada desde una vertiente operativa basada en criterios de utilidad y de supeditación a las necesidades económicas.

En estos años de precrisis y en los venideros de crisis, los estudios que están captando una mayor atención son, y serán, los relacionados con el ámbito económico y los que tengan aplicación en el ámbito económico; a la vez, es previsible que la economía vaya adoptando el rol de ciencia que se ocupe de la mejor forma de administrar unos recursos que ya son escasos y que cada vez lo serán más.

Cabe finalizar este capítulo con una reflexión que, en gran medida, lo resume, una cita que podría ser calificada de premonitoria. Su autor es Xavier Mariscal, de profesión, escultor y diseñador gráfico. La pronunció comentando, en una entrevista realizada por Llàtzer Moix y publicada en el periódico *La Vanguardia* el 15 de diciembre de 2005, una de sus obras: *Estallido de un Chevrolet Impala de 1959*. Ésta es la cita:

> La época de despilfarro del capitalismo se ha acabado, o está tocando a su fin. Entiendo que en los 50 se diseñaran automóvi-

les como el Impala, que era un alarde de belleza, de decoración. Pero me parece que en un mundo masificado todo eso es insostenible, que hay que ajustar los productos a las necesidades. Porque, al fin y al cabo, ¿qué es un coche? Pues es una sillita con ruedas para cuatro personas. No hace falta que se convierta en una falla ni permitir que consuma un litro más de lo imprescindible. Por eso he hecho este Impala en el momento de su estallido, para simbolizar un «hasta aquí hemos llegado» de la civilización de la abundancia.

«THE WAY WE WERE»

Memories,
Like the corners of my mind
Misty water-colored memories
Of the way we were.

«The way we were»
MARVIN HAMLISCH y
MARILYN y ALAN BERGMAN
(1973)

LO QUE NUNCA VOLVERÁ A SER

Posiblemente, la mayor aportación realizada por Karl Marx al análisis económico, social y político es su máxima —su ley— de que todos los sistemas, desde el mismo momento de su nacimiento, llevan incrustado el germen de su destrucción, con un agravante: sin ese germen la existencia del sistema no sería posible.

El sistema antiguo, el romano, creció y se expandió gracias al poder divino del emperador y al politeísmo de su filosofía religiosa, que incorporaba al elenco de deidades romano a todas las de los territorios que las legiones iban ocupando; como contrapartida, esos territorios debían hacer suyas las deidades romanas y, por tanto, al emperador: una deidad más. El problema llegó con el cristianismo: una filosofía religiosa monoteísta que, por principio, no podía aceptar más que un Dios.

El cristianismo fue perseguido porque suponía un peligro político para el Estado romano, al negar el carácter divino del emperador, por lo que cuestionaba la esencia del Estado. En el siglo IV ese escenario cambió: el emperador Constantino, con enormes problemas de aceptación en el aparato estatal —se instaló en el poder tras una guerra civil—, tuvo la idea de buscar nuevos apoyos y escogió a los cristianos: gentes casi marginadas necesitadas de reconocimiento. El invento funcionó, pero significó el principio del fin político del Estado romano al destruirse el principio que había mantenido cohesionado al sistema, un sistema que, por otra parte, hacía ya más de un siglo que se hallaba agotado económicamente.

Tras un período de letargo de cuatro siglos, y por la necesidad que Carlomagno tenía de administrar su vasto imperio, se diseña el sistema feudal: conceptualmente perfecto, ajustado como un reloj suizo, simple como una gota de agua, se basaba en dos principios inmutables: 1) la tierra, la fuente de la riqueza, pertenece únicamente a Dios, y 2) el rey, receptor del poder terrenal emanado de Dios, es el encargado de administrar la tierra.

A partir de aquí el sistema feudal construyó una pirámide relacional por niveles con la figura del rey en la cúspide, y en la que cada miembro de cada nivel sabía qué hacer y cómo comportarse, es decir, a quién debía vasallaje y quiénes se lo debían a él. Ese sistema funcionó muy bien durante más de tres siglos, hasta que otro rey, inglés, un Tudor, necesitó fondos a fin de expandir su reino, y comenzó la parcelación y venta de la tierra.

Dios continuó estando ahí y el rey recibiendo de Él su poder, pero las cosas terrenales se fueron distanciando cada vez más de las divinas. El auge comercial de las repúblicas italianas y de la Liga Hanseática significó el golpe de gracia a un sistema que no podía asimilar que, cuando se concede un préstamo, el tiempo no pertenece a Dios sino al propietario de los fondos prestados, por lo que la percepción de un interés sí era procedente.

Entonces nació el sistema mercantilista, gracias a una nueva clase: la burguesía comercial, un grupo social potente y ultramarino, pero que necesitó del soporte real para desarrollarse y expandirse. Al principio, las cosas fueron muy bien entre esa clase burguesa y las monarquías reinantes: el rey daba concesiones en régimen de monopolio a esos burgueses a fin de que pudieran operar en los territorios del imperio colonial y, a la vez, defendía con sus ejércitos sus establecimientos comerciales. Pero ese proceder real no era gratuito: a cambio, la burguesía financiaba los lujos y las conquistas reales.

El problema llegó cuando a esta clase burguesa dejó de bastarle este planteamiento y comenzó a demandar una autonomía, una libertad de acción, en definitiva, que la monarquía, absoluta, centralista y conectada con Dios, ni quería ni podía dar; no comprendió que concederla era la única vía posible que le quedaba para asegurar su supervivencia. El desenlace fue violento: la Revolución francesa y el ajusticiamiento de la mayor parte de la familia real; si la institución monárquica había sido eliminada, el rey se convertía en un ciudadano más.

La burguesía, pertrechada con la nueva tecnología, obtuvo un poder que las realezas reunidas en 1815 en Viena no entendieron, el poder de generar PIB: crecimiento económico, empleo de factores productivos, gasto, producción..., un poder ante el que nada podían unas monarquías trasnochadas y unas aristocracias ancladas en unos privilegios terratenientes y absentintas. Esa clase decadente conservó durante unas décadas el poder político, pero el sistema mercantilista desapareció entre artesonados neoclásicos y el negro humo producido por las fábricas de la Revolución Industrial puesta en marcha por el sistema capitalista.

Y de nuevo se dio la dinámica sistémica. El capitalismo también nació con el germen que le ha permitido desarrollarse, alcanzar los niveles de crecimiento que ha logrado, pero, a su vez, constituye la simiente de su agotamiento y de su destrucción. Y esta simiente destructiva se manifiesta a través de lo que ha venido caracterizando su existencia: la posibilidad de ir ampliando su capacidad productiva. Lo ha hecho, primero, desde 1820, a partir de un paulatino incremento de la producción, acumulando y reinvirtiendo los beneficios que obtenía, luego, a partir de finales del siglo XIX y sobre todo desde la década de 1920, incrementando la productividad. Pero para que ese esquema se mantuviese era preciso que la demanda fuese creciendo indefinidamente, ya que el sistema tendería a acrecentar indefinidamente su capacidad productiva, es decir, la oferta. En otras palabras: el capitalismo exige una expansión constante, que, obviamente, no es posible.

Entre 1820 y 1920 las cosas fueron sucediendo sin excesivas tensiones. La productividad fue creciendo pero, como todo estaba por hacer, es decir, la capacidad para innovar era ilimitada y la capacidad para absorber oferta también, los incrementos de producción que se iban generando no suponían problemas de absorción, máxime cuando América podía acoger toda la población excedente, la que el sistema productivo europeo no podía absorber; por ello, a lo largo de la segunda mitad del siglo XIX se produjo una emigración masiva de europeos al Nuevo Mundo, lo que impidió la presión social que podría haberse creado en Europa

Sin embargo, en 1920 el sistema llega a un contrasentido. En la década de los años veinte la productividad se dispara, lo que hace que el sistema deba inventar instrumentos para dar salida a la mayor producción generada por esa mayor productividad. La generalización del crédito y del endeudamiento fue una salida, aunque momentánea.

La mayor producción obtenida durante los años veinte, junto con un crédito en auge que llevó a un incremento del consumo, un aumento de la población ocupada y una alza en las expectativas de beneficios por parte de las compañías productoras, derivó en un exceso especulativo con las acciones de las compañías participantes en el proceso y en una espiral crediticia. Cuando en 1929 el globo no pudo admitir más aire del que su estructura era capaz de retener, explotó dando lugar a la crisis social más virulenta de las habidas hasta entonces. Comenzó un período de veinte años con abundantes manifestaciones de deflación, de depresión económica y social y de inestabilidad.

John Maynard Keynes, un teórico del capitalismo, vio que en función de la dinámica capitalista tan sólo era factible una salida: el incremento de la demanda; éste sólo podía generarse con la participación de un ente que hasta entonces había sido relegado a un papel marginal por el sistema: el Estado.

La aportación por la que Keynes ha pasado a la historia fue la constatación de que el consumo público era absolutamente imprescindible para ocupar todos los factores productivos existentes, ocupación plena que —¡atención ahora!— era la única forma de garantizar un aumento continuado del PIB.

A partir de 1933, con Roosevelt en la Casa Blanca, se comenzarán a implementar las medidas keynesianas de fomento de la demanda (a pesar de las protestas que desencadenarán entre los partidarios de mantener la pureza del antiguo modelo, no intervencionista). Sin embargo, como dichas medidas carecían de sentido en el marco teórico en el que tenían que desarrollarse, en cuanto se frenó la inyección de fondos, fracasaron, fracaso que tan sólo solventaría la segunda guerra mundial.[1]

Tras dicha contienda, todos los países europeos capitalistas, Japón y Estados Unidos, así como muchos países sudamericanos, pusieron en marcha políticas económicas en las que la intervención del Estado resultaba fundamental, no sólo a través del consumo público sino incluso, en algunos países, interviniendo directamente en la toma de decisiones económicas, caso del Reino Unido y de Francia.

El pleno empleo del factor trabajo fue una realidad; la masa salarial comenzó a crecer y, convenientemente financiados por un crédito creciente y fluido, el consumo privado aumentó y las inversiones productivas se expandieron; simultáneamente se puso en marcha un modelo de protección social amplísimo y generoso financiado con políticas fiscales potentes y redistributivas. Como resultado se formó paulatinamente una clase media que fue fundamental para conjurar el peligro que para el sistema capitalista podía suponer la propaganda del «otro» sistema existente: el capitalismo de Estado y su economía planificada.[2]

Entre 1950 y 1975 el mundo occidental, pero también países con economías vinculadas al mismo, se vieron inmersos en una espiral virtuosa, una fase de bienestar en el que todo iba tendencialmente siempre a mejor, nunca nada a peor, y donde todo era asumido sin demasiados problemas, como la guerra fría, un conflicto que, en el fondo, contribuía a la generación de PIB a través del ingente gasto público que suponía el constante rearme.

Como hemos visto, el problema de este esquema —de ensueño— era triple. Por un lado, desde su nacimiento el sistema había dado por supuesto: 1) la inagotabilidad de las *commodities*; 2) la baratura de éstas, y 3) una demanda, de todo, prácticamente ilimitada. La crisis energética del 73-79 acabó con este planteamiento de un plumazo.[3]

Lo que vino después puso el énfasis en la oferta, es decir, las empresas: el capital siempre tenía razón (siempre debía tenerla) y, por tanto, siempre debía contar con las máximas facilidades a fin de que no sufriese tensiones. La mala de la película pasó a ser la demanda: era la demanda la que con su consumo tensionaba los precios al alza, por lo que el consumo debía ser el conveniente, pues conveniente tenía que ser la tasa de ocupación a fin de que no se generase inflación. (No, no hay error en lo que acaban de leer: ése fue el planteamiento.)

El pleno empleo de los factores productivos en general y del factor trabajo en particular dejó de ser un objetivo; lo genuinamente importante pasó a ser que la inflación fuese lo más reducida posible, de ahí que fuese acuñado un concepto mágico: la Nairu.[4] A partir de entonces, la inflación, en todo el mundo, constituyó el gran enemigo a batir.

«En todo el mundo»: esta idea no es destacada por casualidad. La globalización, esa palabra tan usada y debatida, tan denostada y ensalzada, nace, en su concepción actual, en el momento en que la oferta se erige en la protagonista del quehacer económico. Lo que en el fondo significa la globalización es la eliminación de fronteras a fin de que los factores productivos —básicamente el capital, subsidiariamente el trabajo— puedan moverse alrededor del planeta sin obstáculo alguno; las fronteras políticas y la intervención de los Estados ponen trabas a la oferta, así que deben ser eliminadas o, cuando menos, minimizadas.

Dicho y hecho: durante la década de los ochenta, la globalización va extendiéndose por todo el mundo, de tal modo que un concepto en un principio técnico se populariza: *deslocalización*:[5] El objetivo siempre es el mismo: obtener costes menores en la producción de bienes y servicios; ¿para que las empresas aumenten sus beneficios?... Sí, pero no es tan simple.

A diferencia del modelo de demanda (1950-1979), en el que pleno empleo y salarios al alza eran sinónimo de capacidad de consumo creciente, beneficios empresariales en aumento y recaudaciones fiscales pujantes a fin de que el Estado consumiese y contribuyese al crecimiento económico, con el modelo de oferta (1979-1995) el empleo debía ser el conveniente para que la inflación fuese reducida, y los salarios bajos para que los costes también lo fuesen. En un escenario como ése el consumo sería reducido, al igual que podrían serlo los beneficios empresariales, pero eso podía obviarse, con los bajos costes que brindaría el fenómeno globalizador.

Menores costes comportarían menores precios de venta, lo que supondría que los bienes pudieran ser adquiridos por salarios congelados o más reducidos; eso debía ir acompañado de aumentos de la productividad obtenidos a través de la automatización de procesos (la robotización nace y se expande durante la década de los ochenta) y de la mejora organizativa. En estos años es cuando nace el *just-in-time*,[6] también conocido como Método Toyota por ser esta compañía automovilística la que lo desarrolló.

El objetivo de todos estos procesos técnicos y organizativos era la mejora de la productividad, el hacer más con menos, con menos de todo o, como mínimo, hacerlo de forma que el coste final fuese cada vez menor. En todos los factores productivos se fue desarrollando un doble fenómeno: su abaratamiento debido a la globalización —a la deslocalización de su producción— y la reducción de las cantidades de factores productivos utilizadas; posiblemente sea en el caso del factor trabajo donde más se pone de manifiesto el fenómeno.

Al final de la década de los ochenta, el crecimiento económico había quedado desvinculado de la evolución del empleo del factor trabajo, es decir, el aumento del PIB había dejado de estar relacionado, a diferencia de diez años antes, con la cantidad de factor trabajo utilizado. Tomando como índice 100 el nivel de PIB y el de la población activa ocupada en 1975, y según cálculos de la OCDE, la fotografía del empleo de 1990 mostraba lo siguiente:

Zona	PIB	Empleo
Economías OCDE	149	120
Asia Meridional	198	137
Asia Oriental	304	183
América Latina	143	131
África Subsahariana	141	121

Los análisis posibles son múltiples, pero hay una única realidad: se iba poniendo cada vez más de manifiesto que era menor la cantidad de factor trabajo necesaria no ya para generar la misma cantidad de PIB, sino para generar mayores cantidades de PIB. (Durante los años siguientes este fenómeno se fue paliando, en las economías desarrolladas, a través del empleo en los subsectores del sector servicios generadores de reducido valor añadido [y, en consecuencia, pagado con bajas remuneraciones] de los trabajadores desplazados del sector industrial.)

La situación fue evolucionando según los parámetros determinados, pero a partir de 1995 dio un vuelco espectacular con el comienzo de la masificación de Internet y el inicio del uso intensivo de las tecnologías de la información y de la comunicación, las TIC. Las TIC dieron lugar a dos fenómenos inimaginables tan sólo diez años antes: la desaparición del espacio y el tiempo.

En efecto, un documento en formato digital, un plano, un diseño industrial digitalizado podían remitirse a múltiples lugares a la vez de forma instantánea y a un coste prácticamente nulo; y el complementario: que numerosas personas situadas en los lugares más recónditos y distantes del planeta pudieran acceder a una misma información en tiempo real e instantáneamente, y a un coste ridículo. Las TIC abrieron la puerta a la conectividad total, primero de personas con personas, luego de personas con cosas, posteriormente de cosas con cosas. A partir de 1995, la productividad sustentada en las TIC comenzó a crecer, lo que fue abaratando la generación de esa creciente productividad.

Refiriéndose a 1990, Jeremy Rifkin decía: «...más del 75% de la masa laboral de los países más industrializados está comprometida en trabajos que no son más que meras tareas repetitivas. [...] Además, [...] menos del 5% de las empresas en el mundo han iniciado su transición hacia la cultura de la máquina».[7] Las TIC no hicieron más que acelerar un proceso que había quedado larvado a lo largo de la década de los ochenta: la tendencialmente menor capacidad de consumo debido al menor peso de unos salarios que cada vez crecían menos y que eran percibidos por una población ocupada en proporción cada vez menor al PIB generado debido a las posibilidades de evolución de la productividad.

En Japón el final de los 80 fue triste: la explosión de su particular burbuja especulativa financiero-inmobiliaria-político-administrativa: un cóctel muy japonés de cuyo estallido la economía nipona aún no se ha recuperado. (En el colmo del paroxismo de la burbuja, valorando a precios de mercado el terreno que ocupa el recinto del palacio imperial de Tokio se obtenía una cantidad que sobrepasaba el valor que, a precio de mercado, alcanzaba la totalidad del área de la ciudad de Los Ángeles.)

Y en el resto del mundo la década de los noventa no empezó bien: en Estados Unidos, a las consecuencias de la política económica del gobierno de Ronald Reagan se unieron los efectos de la especulación financiera e inmobiliaria habida en los ochenta, así como los de la primera guerra del Golfo, en 1991, que socavó la confianza de los consumidores estadounidenses y, de rebote, la del resto de un mundo inmerso en una asfixiante visión de la economía desde el lado de la oferta. El sistema se acercó peligrosamente a la parálisis; la solución fue el recurso al crédito.

La recesión de 1991 ha sido una de las más breves de la historia económica de Estados Unidos y, como ha sido habitual hasta ahora, este país halló la solución al problema que él mismo había creado. Además, la recesión del 91 fue especialmente significativa, porque ahí es donde se sitúa el origen remoto, las razones últimas de la crisis que se iniciará en 2010: el imparable incremento de la deuda de familias y personas, de algunos Estados, así como de los déficit de varias economías; de la deuda, en definitiva.

A lo largo de los años noventa el PIB fue a más, como un tiro; cierto es que en unos lugares más que en otros, pero ayudado por las TIC el crecimiento fue espectacular. Estaba muy basado en la productividad (aunque no necesariamente en la utilización de toda la capacidad productiva que se fue poniendo en marcha). ¡Ah!, y la especulación generada por la burbuja puntocom ayudó a esa vorágine de consumo: en Estados Unidos, a finales de la década, de cada dólar gastado en consumo, ocho centavos eran consumidos por la sensación de riqueza producida por el aumento de los índices bursátiles.

Cuando llegó el año 2000, la triple fotografía que podía hacerse de la realidad mostraba el panorama explicado a continuación.

La productividad, entre los años 1990 y 1999, había experimentado un aumento medio de 2,2% anual en Estados Unidos, del 1,5% en el Reino Unido, del 1,3% en la media de las economías del euro, y del 0,8% en España;[8] más aún, entre 1980 y 1995, la productividad creció en Estados Unidos a razón del 1,2% medio anual, y entre 1996 y el 2000, a razón de un 2,6%.[9]

Estados Unidos se convirtió en un referente en todo lo tocante a la productividad, sobre todo porque era una productividad nutrida por el alto valor; pero la productividad creció en todo el mundo, alejando aún más el crecimiento del PIB del de la ocupación del factor trabajo. Tomando como índice 100 el nivel de PIB y el de la población activa ocupada en 1975, y siguiendo, como antes, a la OCDE, la evolución del PIB y de la ocupación eran en 2000:

Zona	PIB	Empleo
Economías OCDE	191	124
Asia Meridional	299	154
Asia Oriental	518	256
América Latina	191	148
África Subsahariana	196	150

Obtener una alta productividad se convirtió en un objetivo del que se hablaba en todas partes: «La descarga de un buque en el puerto de Londres requería, en 1970, la participación de ciento ocho personas durante cinco días. En el 2000 esta tarea la realizan ocho personas en un día».[10]

La fotografía que podía tomarse de la realidad social en el año 2000 también era diáfana: en Estados Unidos, mientras que el 20% de las familias controlaban el 50% de la renta, el 50% de las familias tan sólo tenían activos por valor de 1.000 dólares; lo que explicaba, en parte, que el 85% del consumo mundial lo realizara el 20% de la población del globo, mientras que otro 20% sólo consumía el 1,3%. Este último hecho se veía alimentado porque 3.000 millones de trabajadores en el mundo se hallaban desempleados o subempleados; porque ochenta y nueve países disponían en el año 2000 de una renta inferior a la que tenían en 1990; y porque el consumo medio anual de una familia en África era un 25% inferior al de 1975; y eso teniendo en cuenta que en California la Administración gastaba más en prisiones que en universidades, y que el consumo anual de cosmética en Estados Unidos más el europeo en helados equivalía a lo que hubiese costado el suministro de agua, más el de formación básica, más el de alcantarillado de 2.000 millones de personas que en el planeta no disponían de ellos.[11]

A lo que prácticamente nadie prestó atención fue a la tercera instantánea: la imagen mostraba una bola de nieve financiera que, lenta pero imparablemente, iba arrastrándolo todo a su paso, aunque muy quedamente, tan quedamente que muy pocos percibieron las consecuencias del nuevo giro que se dio al grifo del crédito tras la recesión de 2000, cuando éste fue extendido a todo el mundo, incluso a quienes no podían afrontarlo. En ese momento fue cuando empezó a estallar el problema en toda su magnitud.

En un plano económico, los sucesos del 11-S fueron la excusa perfecta para explicar una recesión, pero lo que se dijo con un tono de voz muy quedo fue que esa recesión había comenzado en el año 2000 con el inicio de derrumbe de la burbuja bursátil de las compañías tecnológicas.

La recesión de 2000 también fue muy breve: siete meses. En octubre de 2001 se dio oficialmente por acabada. La salida fue fulgurante, porque fulgurantemente fue como la Reserva Federal y el Banco Central Europeo comenzaron a reducir los tipos de interés: el tipo de interés de referencia en la UEM pasó del 4,75% en noviembre de 2000 al 2,0% en julio de 2003,[12] y el tipo efectivo de los fondos federales estadounidenses pasó del 6,24% medio en el año 2000 al 1,13% medio en 2007.[13] El Euribor y el Libor[14] fueron evolucionando en términos parejos: cayó desde el 5,193% en noviembre de 2000 al 2,076% en julio de 2003 el primero;[15] el segundo pasó del 6,63% el 29 de diciembre de 2000 al 1,12% el 30 de septiembre de 2003.[16]

En este declive de los tipos de interés es donde se enmarca la hecatombe que ha ido generando la evolución de los «activos tóxicos» y, en particular, la ocasionada por la hipotecas *subprime*.[17] El concepto de las hipotecas *subprime* es antiguo: se basa en conceder un préstamo hipotecario a una persona con un bajo nivel de crédito debido a sus circunstancias, lo que justifica que, al ser su riesgo superior, también lo sea el tipo de interés que se aplicará al préstamo que pudiera concedérsele. ¿Dónde se encierra el truco? ¿Por qué se da un crédito hipotecario a particulares de semejantes características? Pues por la fe en una revalorización continuadamente al alza del precio de las propiedades inmobiliarias hipotecadas, que anularía las consecuencias de los impagos de estos créditos.

Asimismo, la facultad de los créditos hipotecarios de ser titulizados, convertidos en bonos y negociados múltiples veces, emisiones que, a fin de aumentar su atractivo, pueden ser aseguradas contra riesgos de impagos de créditos, riesgos troceables y, a su vez, negociables, lo que abrió el ya agotado sistema en el año 2000 a una fuente de negocio en un momento de declive de las rentabilidades bursátiles, como hemos señalado, tras el estallido de la burbuja puntocom, posibilidades que se vieron favorecidas por el paulatino descenso que experimentaron los tipos de interés.

En el fondo, lo que había detrás del fenómeno de las *subprime* y de todos los activos tóxicos no eran más que las ansias de hacer más negocio, de obtener una mayor rentabilidad. En general puede afirmarse que, aunque el proceso adquirió manifestaciones diferentes en cada país (en España las entidades financieras no concedieron préstamos hipotecarios *subprime*, pero sí abultadísimos créditos hipotecarios a personas con ocupaciones precarias y reducidas remuneraciones que disparaban su nivel de riesgo hasta niveles difícilmente asumibles si se producía una crisis de empleo; en otros países, aunque no se produjo una burbuja inmobiliaria, la concesión de créditos de uno u otro tipo sí aumentó en mayor o menor medida), la filosofía subyacente en todas sus manifestaciones fue idéntica.

Los peligros derivados de la inflación, en cuya evolución mucho tenía que ver la de los precios del petróleo, influidos sobremanera por la cotización del dólar estadounidense (el barril de petróleo cotiza internacionalmente en dólares, lo que hace bastante sencillo poder especular financieramente con el crudo), llevaron a que, por la aplicación del manual al uso, desde diciembre de 2005 los tipos de interés comenzasen a aumentar; el límite se situó en septiembre de 2007 (aún se produjo otra subida, incomprensible, en julio de 2008).

Nada fue ya igual desde septiembre de 2007; como hemos visto, es en dicho mes cuando empieza el período de precrisis. ¿Qué sucedió en septiembre de 2007? Concretamente, nada; tendencialmente, la constatación de dos hechos: 1) que muchos de quienes habían recibido un crédito *subprime* no iban a poder pagarlo, y ese crédito no iba a poder ser cubierto con otro nuevo debido al estancamiento y posterior derrumbe del precio de los bienes inmuebles, y 2) el volumen financieramente insostenible que alcanzaron los activos derivados de operaciones, si no simplemente tóxicas, sí dudosamente sostenibles.

A finales del año 2007 (véase el gráfico 12, «Anexo 1»), la suma del valor alcanzado por los mercados financieros de Estados Unidos equivalía a 5,8 veces el PIB estadounidense, y el mercado de los seguros contra impagos de créditos, a 3,37 veces el mismo PIB (a 34,7 veces el de España) y a casi el 63% del PIB del planeta. ¿Cuál fue la consecuencia inmediata de estas cifras? Por un lado, el inicio del hundimiento de la confianza: de las entidades financieras entre sí, de las entidades financieras hacia la ciudadanía, de la ciudadanía respecto a la solidez de sus empleos. Por otro lado, las consecuencias de esta pérdida de la confianza: la caída en la concesión de créditos a familias y a empresas, así como la progresiva caída en la demanda crediticia de éstas a aquéllas.

A partir de aquí se ha ido cayendo en una vorágine de descensos en los tipos de interés (entre el 0,0% y el 0,25% en Estados Unidos a mediados de diciembre de 2008), con expectativas de nuevas rebajas, y de planes de ayuda, planes de rescate, recapitalizaciones e intervenciones de diversa índole de muchos Estados en sus sistemas financieros (con dinero público, claro) debido a la situación en la que éstos se hallaban. El objetivo era obvio: evitar, de momento, la quiebra de una entidad financiera, lo que, de producirse, hubiese derrumbado la poca confianza que aún quedaba en el sistema.

Y así es como nos encontramos en los últimos compases del año 2008 y los primeros de 2009. Las previsiones muestran una caída del PIB para 2009 y un aumento del desempleo. En el momento en que reviso estas líneas, la página inicial del sitio en internet del Fondo Monetario Internacional no puede ser más significativa: «IMF Urges G20 States to take more Actions to combat Crisis» («El FMI urge a los Estados miembros del G20 a emprender más acciones para combatir la crisis»). Y eso tratándose de un organismo conservador.[18]

Bien, pues todo esto que ha sido, todo lo que ahora se está maldiciendo porque nos ha llevado a donde nos encontramos pero que contribuyó, mejor dicho, posibilitó que creciésemos como hemos crecido, todo eso que hizo que el PIB de nuestro planeta aumentase como lo hizo entre el año 2003 y el 2007 se acabó: nunca volverá a ser, es decir, nunca volveremos a crecer del modo en que lo hemos hecho. ¿Por qué? Porque es físicamente imposible.

LO QUE PERDIMOS SIN TENERLO

Y ¿por qué es imposible? Pues porque las cosas suceden cuando suceden y de la forma que suceden, debido a que en ese momento no es posible que sucedan de otro modo. Parece un trabalenguas, y es que, en cierta manera, lo es.

Crecer como hemos crecido está llevándonos hacia una crisis sistémica de una intensidad semejante a la Gran Depresión: terrible, ¿no? Entonces, alguien podría pensar que hemos hecho muy mal las cosas, que deberíamos haber crecido de otro modo, o, incluso, que hubiese sido mejor no crecer tanto (y eso dejando al margen los colectivos cuya situación ha empeorado en los últimos diez años). Crecer de otro modo, crecer menos, dos opciones con un fin noble: evitar un desastre.

Imaginemos que estuviéramos en 1928, por ejemplo en septiembre, y que un amigo, economista, que hubiera elaborado un estudio muy profundo sobre la evolución de la economía mundial, nos dijese que en el tercer trimestre de 1929 iba a estallar una crisis económica y social de efectos demoledores. Nuestra reacción, obviamente, sería preguntar cómo evitar el desastre. Sabemos cuál sería la respuesta de nuestro amigo: ese crash es inevitable, tiene que suceder; y, bueno, sabemos que esa respuesta hubiese sido correcta: la historia nos demuestra que, a pesar de que en la época se tomaron todas las medidas entonces posibles, el crac tuvo lugar, y desencadenó una de las mayores crisis de las que hasta ahora tenemos constancia.

El crash del 29 era inevitable porque, tal y como se habían estado haciendo las cosas desde el final de la primera guerra mundial, un crash tenía que suceder y, dado que cualquier medida que se hubiese tomado para evitarlo se hubiera inscrito en el marco económico-político-tecnológico-social existente, es decir, el marco que fue alimentando el crash a medida que la economía de la época iba creciendo, el efecto disuasorio de esas medidas fue, como sabemos, nulo.

Por un lado, el crash de 2010 y los diez años que va a llevar la salida completa de esa crisis son inevitables; por otro, los cinco años comprendidos entre 2003 y 2007 han sido excepcionales (siendo generosos) y, exceptuando la breve recesión de 2000, los doce que median entre 1996 y 2007 han sido muy, muy buenos (para unas economías más que para otras, claro). Entonces ¿qué es lo que hemos perdido sin haber llegado nunca a tenerlo?

Pues algo tan simple como un crecimiento equilibrado, eficiente, acompasado con una realidad que se fuese desperezando como un recién nacido en su cuna. A nuestra realidad le pusimos un motor biturbo, y voló, pero a un precio muy elevado, y en economía existe una regla muy simple, muy sencilla: el coste de lo que sea, alguien, en algún lugar, de alguna manera y algún día, tiene que pagarlo; en economía las deudas se pagan, y nuestro sistema ha llegado a unos niveles de deuda físicamente insostenibles, e impagados. Ahora ha llegado el momento de abordar todo lo que hemos ido dejando para más adelante, ¿verdad?

¿Podían haberse hecho las cosas de otro modo? En teoría sí, pero, ¡PERO!, entonces no hubiéramos crecido todo lo que hemos crecido; luego, ¿podrían haberse hecho las cosas de otro modo? Entre 1996 y 2007 la economía del planeta funcionó a un ritmo muy por encima del aconsejable, pero era imposible que se redujese porque el diseño de su estructura la forzaba a funcionar a esa velocidad; como el replicante Roy de *Blade Runer*:[19] una vida muy intensa, aunque breve.

En 1973 aprendimos que el petróleo y lo que de él se extrae no era extraordinariamente barato, pero mejoramos la productividad en su utilización y fuimos elevando el valor añadido de lo que elaborábamos. No obstante, las reglas del sistema impelían a ir a más, y el sistema descubrió un modo para lograrlo: hiperconsumir y «pagar» —atención a las comillas— ese consumo —e inversión— con hipercrédito e hiperdeuda... hasta ahora, cuando empezamos a comprender que las reservas de *commodities* no son inagotables, y cuando ya no se puede continuar suponiendo que la capacidad de endeudamiento es infinita.

Nos hemos perdido un proceso de desarrollo equilibrado, de crecimiento sostenible, lo hemos perdido sin llegar a tenerlo. Pero ¡es que no podíamos tenerlo! Porque el proceso se ha basado en algo muy simple: el deseo de ir a más sin pensar en las consecuencias, sin tener que responsabilizarnos de ellas. Un auténtico chollo, ¿a que sí?

Como cobertura del pastel, montamos un modelo de protección social que ha formado a los hijos de quienes hacían crecer al sistema, que ha curado a quienes enfermaban, que ha alimentado a quienes alcanzaban determinada edad, que ha cuidado de quienes, de forma temporal, perdían sus empleos, que ha construido infraestructuras de las que se han beneficiado todos los que han querido beneficiarse. Un elemento de seguridad que, además, contribuía al crecimiento del sistema.

Y como base del pastel vivíamos en un sistema político en el que todo el mundo que lo considerase oportuno podía participar, con el convencimiento de que los candidatos a la elección velarían por el bienestar de quienes les votaban: era su garantía.

Todo eso sucedía en el mundo rico, claro, que era el que disponía del capital, y el que contribuía al I+D+i+d, es decir, el que generaba el valor; el mundo subdesarrollado, consumía, sí, y su población no cesaba de aumentar. Sin embargo,

¿qué generaba? Algunas *commodities*, mano de obra de bajo valor o, en puntos muy concretos, de alto valor pagada a bajo coste en términos occidentales.

Pero ¿hubiéramos podido crecer de otra manera?, ¿otra forma de crecimiento hubiera sido posible? Ahora, cuando ya no hay vuelta atrás, podemos pensar lo que queramos y decir lo que nos resulte más conveniente, pero lo cierto es que no se pudo crecer de otro modo, y, aunque se hubiese podido, la inmensa mayoría de quienes han crecido hubiesen escogido crecer como lo han hecho. ¿Porque son estúpidos? No, ¡porque son humanos!

Ahora tendremos que cambiar el modo como deben hacerse las cosas. Es lo que pondrá sobre la mesa la crisis del 2010: que hay que modificar la manera de funcionar porque la antigua se agotó por una razón elemental: es una manera de hacer las cosas absolutamente ineficiente.

El sistema —ya postglobal, no lo olvidemos— está empapado en deuda a un nivel que va mucho más allá de su capacidad de absorción de tal deuda; pero el sistema ha desarrollado un modelo productivo que cuenta con un exceso clamoroso de capacidad productiva, gran parte de la cual es ineficiente. Entre el 60% y el 70% del PIB de los países desarrollados se basa en el consumo de unos bienes y servicios que, en su gran mayoría, no son necesarios considerando la cantidad de *commodities* requeridas para su fabricación; un consumo «pagado» —atención a las comillas— a crédito; bienes y servicios elaborados con una productividad baja o media baja, una productividad que podría aumentar pero cuyo crecimiento tendría consecuencias: la caída en picado de la población activa ocupada.

Todo muy sólido, pero todo muy liviano a la vez, ¿no? Bien, la crisis hará que todo eso cambie.

MOLLY MALONE

En la ciudad de Dublín, en Grafton Street, casi en la esquina con Nassau Street, Molly Malone tiene una estatua. Es una representación que muy poco se asemeja a como debía de ser una vendedora de berberechos y mejillones del siglo XVII, momento en el que empieza su historia. Levantada en 1987, una mujer joven, luciendo un generoso escote, se halla junto al carro en el que transportaba su mercancía. Vale la pena acercarse a ver la estatua, detenerse un momento frente a ella y recordar toda la letra de la canción.

Cuenta una historia de alguien cuya única preocupación era sobrevivir haciendo lo que sus padres antes habían hecho; pero la última estrofa invita a la meditación. La dulce Molly Malone murió como consecuencia de unas fiebres —esa dolencia indeterminada a la que antaño se atribuía el fallecimiento de alguien cuando se desconocía todo sobre la causa del deceso— y, cosa importante, nadie pudo hacer nada para salvarla. La canción finaliza diciendo que aún es posible oír a su espíritu anunciando por las estrechas callejuelas que dispone de berberechos y mejillones vivos.

Podemos imaginar la situación en la que Molly vivía: triste y depresiva o pujante y en constante crecimiento; la historia de Irlanda nos indica que, a finales del siglo XIX, momento en que la canción fue compuesta, el entorno de Molly se acercaba más a la primera que a la segunda concepción; sin embargo, supongamos que Molly era una persona cuyo único objetivo era haber vendido, al finalizar el día, todos los berberechos y mejillones con los que empezaba su jornada. Aceptando eso, y si Molly consiguió todos los días de su vida vender la carga de su carro, Molly podía considerarse una persona afortunada.

Sí, claro, falleció a causa de «unas fiebres», tuberculosis, probablemente, el azote de las clases más pobres (en aquellos años era usual el consumo de opio entre las clases trabajadoras marginales inglesas para acallar una hambre que los míseros salarios no podían acallar), y nadie pudo salvarla, pero su caso no fue diferente al de miles de personas de la época en la que Molly vivió; es más, personas con una renta superior a la suya tuvieron un fin muy parecido. Falleció, pero su espíritu aún recorre las callejuelas de Dublín ofreciendo sus frescos berberechos y sus mejillones vivos, señal de que, en realidad, Molly no ha muerto, tan sólo nos lo parece.

¿Qué podemos extraer de lo que conocemos de la vida de Molly Malone? Pues que, independientemente del momento en el que vivamos, la historia no se detiene jamás, y que el transcurso de las cosas se adapta a las circunstancias. (En el viaje del que les hablo en el primer capítulo, en Kilkee, en la parte más oriental de la isla, vimos una Molly Malone: vendía caracolillos, pero no vociferaba; simplemente esperaba a que los paseantes adquiriesen un cucurucho de caracoles de mar. Era una reliquia andante, parte del paisaje, una atracción turística... ¿Por qué? Porque Molly Malone pertenece al pasado.)

Desde 1950 hemos asistido a un momento único en la historia, irrepetible, porque al efecto favorecedor que las estructuras creadas tuvieron sobre el crecimiento se unió el hecho de que se entendió, y aceptó, que ese crecimiento sería mucho mayor cuanto mayor fuera la proporción de la población mundial que participara en el proceso. El problema residió en que se partió de una concepción errónea, equivocada y, ¿por qué no?, falsa... aunque muy conveniente.

Lo único a lo que podía aspirar Molly era a vender todos los berberechos y mejillones con los que empezaba su jornada en su carro; nada más, ni en sus más desorbitados sueños Molly podía aspirar a nada más, no sólo porque en aquellos años la movilidad social era nula, sino porque la pertenencia a una clase determinaba definitivamente la vida de una persona.

Pero desde 1950 eso cambió de forma radical: se inventó la redistribución de la renta —que los ricos fuesen gravados con impuestos a fin de brindar servicios a los más pobres—, y el PIB comenzó a crecer; en 1991, cuando el esquema se agotó completa y absolutamente, se inventó el supercrédito: ya era posible disponer del perfume de tus sueños, del automóvil de tus sueños, sueños que eran abonados desde el sistema porque, cuantos más sueños tuviera la población, más aumentaba el PIB. El proceso se disparó a partir de 2003 con el invento del hipercrédito: era el genuino *No-Limits*: ¿por qué un vagabundo de Los Ángeles no podía acceder a una mansión de Pacific Palisades?

En la época en la que transcurrió la vida de Molly los límites al crecimiento económico se hallaban muy claramente delimitados; en estos últimos años no, en estos años no ha habido límites, todo ha sido posible... hasta que unas fiebres se han llevado nuestro modelo de crecimiento. Porque era insostenible, sí, pero por algo más. Hemos querido romper una regla inmutable: la disponibilidad de recursos es la que es, sin embargo hemos gastado más de los que nos correspondía, y ahora hay que pagar la factura; de ahí la fiebre, el decrecimiento, el crash.

¿Qué sucederá ahora? La fase que comenzó en 1950, esta etapa de bienestar que ha ido empujando a la economía y a la sociedad, y a la democracia, por los caminos del crecimiento, de la protección y de la participación toca a su fin; aún quedarán retazos, pero la necesidad de más crecimiento para todos a fin de continuar creciendo, de más protección para todos a fin de que todos se sientan más protegidos, de más participación democrática para que todos sientan que la sociedad los necesita está finalizando.

Hoy la tendencia apunta hacia la buena administración, hacia el no-desperdicio, hacia lo necesario, hacia la eficiencia, hacia la productividad. Pero eso equivale al fin de ese bienestar sustentado en el desperdicio, por insostenible. Lo ocurrido durante esa fase de bonanza es como si Molly hubiese vendido cada día todos los moluscos con los que había comenzado su jornada pero, en lugar de con el duro trabajo de recogida y del hambre reinante, que llevaba a disfrutar de cada bocado dado a los moluscos adquiridos con esfuerzo, lo hubiese hecho destruyendo las playas y las rocas para recolectar unos moluscos que, en innumerables ocasiones, hubieran arrojados a la basura debido a que no era el hambre sino el capricho lo que había llevado a su adquisición.

«¿Y qué?», puede pensarse. Pues bien: algo así va a tener consecuencias profundas porque va a afectar a nuestro modo de vida: hoy, a diferencia de en la época de Molly, prácticamente nadie en el mundo rico está acostumbrado a pensar por qué gasta, para qué gasta y qué va a obtener con el gasto que va a realizar, y en el mundo pobre bastante trabajo tienen con sobrevivir realizando actividades ineficientes, no generadoras de valor y consumiendo sin obtener prácticamente retorno.

El crecimiento del planeta ha estado basado en la creencia de que gastar de todo, sin límite, era posible e incluso necesario; en el mundo rico, malgastando, en el mundo pobre, sin aportar nada a cambio. Fue posible porque ese estado de bienestar, ese ir-a-más, nos hizo creer que con nuestras creaciones, nuestra tecnología y nuestra ingeniería financiera sería posible compensar cualquier desequilibrio. Pero cuando la deuda se ha hecho físicamente insostenible y la capacidad de absorber bienes de consumo se ha agotado, nuestro sistema ha encarado una crisis. Así lo hemos hecho, pero no nos culpemos excesivamente: nuestras alternativas eran verdaderamente muy limitadas.

ESPAÑA

Oigo, patria, tu aflicción,
y escucho el triste concierto
que forman tocando a muerto
la campana y el cañón.

Bernardo López García
«Oda al Dos de Mayo»
(1866)

Y España, ¿qué papel desempeña en toda esta historia? Sería maravilloso poder decir que uno muy importante, ¡esencial!, pero lo único cierto es que el papel de la economía española ha sido de suplente, de suplente de última hora.

España llegó muy tarde a la fiesta del crecimiento económico, aunque podría haber llegado muy pronto: fue el primer Estado europeo en disponer de plata en una abundancia nunca antes imaginada en Europa. Durante todo el siglo XVI fue el proveedor involuntario de plata de toda Europa: la plata que España extraía de América.

Así, durante más de un siglo España tuvo un poder absoluto porque controló el material con el que entonces se fabricaban los sueños, y lo dilapidó en construir palacios, iglesias fastuosas, monasterios, en importar manufacturas preciosas, en pagar los tercios con los que pretendía dominar una Europa que se le escapaba de entre los dedos y en financiar la Contrarreforma. Del siglo XVI España obtuvo dos cosas: el triunfo —para consumo interno— en esa guerra de religión que los Habsburgo tomaron como propia, y una inflación del tamaño de los templos que la realeza ordenaba construir; a finales de siglo era más barato importar bienes del exterior que fabricarlos en España.

España era temida: «Duérmete o vendrá el duque de Alba», decían las madres a sus hijos en los Países Bajos; pero no era respetada: cuando en el siglo XVII se redujo el flujo de metal se fue reduciendo en la misma proporción el poder español, hasta tener que recurrir al gato por liebre: acuñaciones de cobre reselladas para incrementar ficticiamente una oferta monetaria cuyo valor era ya prácticamente nulo. El resultado: una inflación de más del 400% a finales del siglo XVII y una guerra entre dos familias para quedarse con los restos de un imperio en declive.

De esa guerra salieron victoriosos los Borbones, que trajeron a España los problemas franceses, pero ninguna de sus ventajas. En el contexto europeo se da un retroceso español continuado: en parte por su posición excéntrica, España se halla en todos los sentidos en un extremo de Europa, alejada de su núcleo de poder económico.

Evidentemente, la Revolución francesa no llegó a España: era un país agrícola inmerso aún en el régimen señorial con dos manchas manufactureras —tenues y discontinuas, muy tenues y muy discontinuas— en Cataluña, en Vizcaya y en Guipúzcoa; lo demás eran trigales enormes y un inmenso desierto industrial. (¿El modelo Málaga? Una anécdota.)

Cuando en 1815 las potencias europeas se reunieron en Viena para deliberar sobre la Europa del presente, España ni siquiera fue invitada. Perdió su imperio, mantuvo Cuba y Filipinas (dos testimonios), y se quedó en un extremo de Europa recordando pasadas glorias. Entre 1812 y 1959, un montón de cuartelazos, un golpe de Estado, una guerra civil, muchísimos muertos, mucha hambre, y poco más.

A partir de 1959, en plena dictadura del general Franco, España empieza a crecer: su PIB comienza a aumentar. Ese crecimiento se sustenta sobre tres patas: las remesas que los emigrantes españoles en Europa enviaban a sus familias, el gasto que la naciente clase media-baja europea empezó a realizar en las playas del Mediterráneo español, y la inversión extranjera que comenzó a llegar a una España pacificada por la policía franquista. Y, ¡oh milagro!, España comenzó a crecer, a crecer y a dibujar un modelo de crecimiento muy particular y que, con escasas variaciones, ha pervivido hasta nuestros días, un modelo económicamente pobre. Pero, en honor a la verdad, es preciso decir que las causas venían de lejos (vuelvan a leer los párrafos anteriores).

Ese modelo de crecimiento diseñado por España habla de una economía especializada en fabricar bienes y en elaborar servicios de medio-bajo y bajo valor añadido, una economía con una muy baja productividad porque tanto las empresas españolas como la mayor parte de las establecidas en España no tienen incentivos ni para realizar inversiones masivas en bienes de capital para elevarla, ni para aumentar el nivel de cualificación de la mayor parte del factor trabajo que emplean. ¿Por qué no? Pues porque para obtener el valor añadido que buscan es suficiente la dotación de capital con que cuentan y el nivel formativo de la mano de obran que contratan.

¿Datos? Toneladas, pero quédense con uno: tomando como índice 100 el valor medio de la producción obtenida en una hora de trabajo en Estados Unidos, el nivel que España había alcanzado en el año 2005 era el que correspondía a Suecia en... 1973.[1]

España se fue configurando como una economía de tamaño respetable por volumen de PIB: la octava o la novena del mundo, según cálculos y fuentes, pero cada vez más retrasada, cada vez más dependiente, cada vez más pobre. España fue la única economía de los veintisiete miembros de la Unión Europea cuya tasa de crecimiento anual medio de la productividad por persona ocupada decreció entre los años 1996 y 2005.[2]

¿Qué estaba sucediendo? Pues que la economía española crecía a base de crear empleo generador de bajo valor, es decir, poco productivo: en los períodos en los que el empleo aumentaba, el PIB crecía y la tendencia de la productividad se reducía, de modo que, para que la tendencia de la productividad cambiara de signo, el empleo debía reducirse, lo que suponía un menor crecimiento económico.

Y, claro, año tras año la foto fija de España fue mostrando una posición mucho peor que la media europea en inversión en I+D, en inversión en conocimiento, en innovación, en formación permanente... Para colmo, España dependía totalmente del exterior en todo lo relacionado con energía: en una escala de 1 a 100, mientras que el índice medio de dependencia energética de la Europa de los 27 era, en 2006, de 53,8, el de España era de 81,4.[3]

¿En qué se traduce todo lo anterior? En un bajo nivel salarial: en el año 2006, mientras que el salario anual medio en paridad de poder adquisitivo de los países que integraban la OCDE era de 24.380 euros, el español era de 18.369;[4] también se traduce en un reducido nivel de protección social en comparación con los países del entorno de España: en el año 2005 y en términos porcentuales sobre el PIB, en Suecia era del 32,0%, en la UE, del 27,8%, y en España, del 20,8%.[5]

La pregunta, entonces, es ¿cómo ha podido alcanzar España el nivel de bienestar del que hasta ahora ha disfrutado? Para responderla es preciso volver sobre el modelo productivo español.

Desde finales de los años noventa, pero sobre todo desde la recesión del 2000, prácticamente la mitad de la economía española ha pivotado sobre tres subsectores: la construcción y todas las actividades directa e indirectamente vinculadas a ella; el automóvil, sus suministradores y sus gastos derivados, y el turismo y el entorno con él asociado. Eso por el lado de la oferta. Por el de la demanda, el crédito que desde las entidades financieras ha ido fluyendo sin interrupción hacia familias y empresas.

El crédito, esencial para posibilitar el incremento de PIB que se ha producido en todas las economías, ha sido esencial también en la española. En términos de PIB, la evolución de la deuda privada española ha sido espectacular: 105% en el año 2000, 133% en el 2003, 161% en el 2005, 215% en el segundo trimestre de 2007;[6] lo que no ha sido óbice para que la tasa de pobreza de España fuese del 20% en el año 2005,[7] habiéndose mantenido prácticamente inalterada desde 1982, y que la tasa de pobreza infantil haya sido del 24% en el año 2007.[8]

Las entidades financieras españolas han tenido que convertirse, a su vez, en prestatarias: el calendario de vencimientos de entidades financieras españolas, en millones de euros, era el siguiente a mediados de 2008: entre el 1 de enero de 2008 y el 31 de diciembre de 2010: 227.801; entre el 1 de enero de 2011 y el 31 de diciembre de 2012: 117.176; a partir del 1 de enero de 2013: 502.286.[9]

Cuando, en septiembre de 2007, se manifestó el problema de los activos tóxicos identificados en las *subprime*, las «hipotecas basura», el gobierno español y las autoridades monetarias del país rápidamente aseguraron la ausencia de tales elementos en el sistema financiero español debido a la mucho mayor regulación que el Banco de España había exigido a las entidades financieras españolas en comparación con la exigida en Europa y, sobre todo, en Estados Unidos, lo que era absolutamente cierto.

Sin embargo, muy pocos hablaron del enorme peso que sobre los ingresos del factor trabajo representaban los pagos de las cuotas de los créditos tan alegremente concedidos en años anteriores, ni de la precariedad que en su contratación exhibía la población ocupada española (la tasa de temporalidad más elevada de Europa: más del 30%), ni de la mucho mayor dependencia de España del crédito en relación con otras economías desarrolladas, tanto en el aspecto de las personas físicas —consumo— como en el de las jurídicas —inversión—, como de las entidades financieras que debían conceder esos créditos. A medida que avanzaba el año 2008 se fue poniendo de manifiesto que España se hallaba en una auténtica trampa crediticia.

¿Por qué? Por su modelo productivo: intensivo en un factor trabajo de salarios medios reducidos debido a su relativamente baja productividad, compuesto por numerosas compañías con una reducida capacidad de generación de *cash flow* y, por su baja productividad, con un bajo nivel de competitividad; también con un conjunto productivo-consuntivo extraordinariamente dependiente del crédito para alimentar un proceso como, por fuerza (porque no existía otra posibilidad, porque otra posibilidad ya no era posible), el escogido: construcción, automóvil, turismo y consumo; con una crónica —y lógica— tendencia al déficit por cuenta corriente. En cuanto se produjeron las primeras restricciones crediticias, el modelo de crecimiento español empezó a gripar.

España va a padecer especialmente esta crisis en la que a pasos agigantados ya estamos adentrándonos. Como hemos visto, su modelo de crecimiento está basado en actividades de bajo valor añadido, y es muy dependiente del exterior tanto en energía como en capital, por lo que, cuando en el exterior comenzaron los problemas, España acusó el golpe muy rápidamente. Por otra parte, España tiene un número de ciudadanos y residente extranjeros hoy insostenible para el valor que es capaz de generar (aunque sin ellos el *boom* del ladrillo hubiese sido imposible), un valor bajo, con una baja productividad e intensivo en mano de obra, muy sensible, por tanto, al negativo impacto que en el empleo están causando situaciones como las presentes. Y, para concluir, se trata de un modelo muy dependiente del crédito, una posición extremadamente débil en las circunstancias actuales.

¿Expectativas para la economía española en los próximos años? Deduzca usted mismo.

Como apunte: el viernes 16 de enero de 2009, el Ministerio de Economía presentó la «Actualización del Programa de

Estabilidad España 2008-2011»,[10] donde se publican las revisiones a las previsiones que sirvieron de base para la elaboración de los presupuestos:

Tasas porcentuales	2009	2010	2011
PIB (variación anual)	–1,6	1,2	2,6
Ocupación (variación anual)	–3,6	0,2	1,4
Tasa de desempleo	15,9	15,7	14,9

Muchas preguntas despiertan estas cifras. Recuperación fulminante: 2,8 puntos porcentuales en PIB entre 2009 y 2010. ¿Por qué?, ¿basándose en qué?, ¿debido a qué?; 4,2 puntos porcentuales, también en PIB, entre 2009 y 2011. Dudoso, sabiendo que las demás economías también van a estar mal, con una ocupación que no se recupera, con una tasa de desempleo estancada. Pienso que la realidad va a ser peor, mucho peor.

Dos días después, en una entrevista[11] que será histórica, el ministro de Economía, el señor Pedro Solbes, presentaba la posición más realista mostrada por el gobierno hasta ese momento ante la situación económica; mi resumen: a) hay que estar tranquilos: estamos mal (nosotros y todos) pero pronto lo superaremos (a finales de 2010, decía), y b) el gobierno ya no puede hacer nada más para paliar la situación.

Creo que en lo segundo podía tener razón, pero no en lo primero: la auténtica crisis está por llegar, aunque bien es verdad que para todos.

EPÍLOGO

On me dit que nos vies ne valent pas grand chose,
Elles passent en un instant comme fanent les roses,
On me dit que le temps qui glisse est un salaud
Que de nos chagrins il s'en fait des manteaux,
Pourtant quelqu'un m'a dit...

«Quelqu'un m'a dit»
CARLA BRUNI (2002)

El objetivo de un epílogo es resumir, concluir, añadir algo a lo que se ha dicho. Ya se ha dicho que estamos entrando en una crisis que va a ser tremenda; sistémica. ¿Qué más se puede decir? Algo más: he dejado para el final algo para el recuerdo.

A lo largo de estos últimos meses, desde la famosa cumbre que el G20 celebró en Washington el 15 de noviembre de 2008 (aquella a la que a España acabaron dejándola asistir después de llamar a todas las puertas a las que podía llamar, ¿recuerda?), las cosas no han hecho más que ir a peor: en todos los países, en todos los ámbitos (lo que no será óbice para que, sobre todo a nivel oficial, se transmita la sensación de que «se está en el buen camino»).

El resumen que podría hacerse de estos meses es simple: la actividad económica, social, incluso política, está deteniéndose. Antes de la cumbre del G20 se tenía la sensación de que los gobiernos «iban tapando agujeros»; después, de que todo, aun yendo cada vez más deprisa, iba cada vez más despacio, sensación que se acrecentó tras la pasada Navidad.

Dentro del bosque insondable e inacabable de índices e indicadores económicos y sociales, existe uno utilizado tan sólo por expertos: el Baltic Dry Index; la verdad, ignoro por qué no se analiza más su significado: en esencia, ese índice mide la evolución del tráfico marítimo.[1] La evolución del tráfico marítimo... ¿qué nos cuenta esa evolución?

La historia del Baltic Dry Index ha sido muy anodina durante la mayor parte de su existencia. Nació el 23 de agosto de 1985 con un valor de 741 puntos, y su evolución puede ser calificada como bastante estable hasta principios del año 2003; a partir de ahí, el delirio. El 27 de enero de 2004 el índice alcanza los 5.276 puntos, desciende el 1 de junio a 3.282, pero remonta hasta los 6.200 el 7 de diciembre; cae hasta los 1.749 puntos el 2 de agosto de 2005 y a partir de ahí sufre alguna bajada, pero luego despega como un cohete hasta casi los 11.800 puntos el 20 de mayo de 2008. Desde ahí, el derrumbe: 774 puntos el 29 de diciembre de 2008: una caída del 93,44% desde su máximo en siete meses.

En los casi cincuenta y cinco meses que median entre los 1.149 puntos con los que el Baltic Dry Index comenzó su andadura más moderna el 1 de junio de 2004 y los 774 que alcanzó el 29 de diciembre de 2008 se resume una historia, una historia que habla de crecimiento, de histeria, de parálisis, de caída de la actividad: en nuestro mundo postglobal, ¿qué hay más significativo que la evolución del volumen del tráfico de lo que sea? Respuesta: nada.

A lo largo de estos cincuenta y cinco meses hemos asistido a la subida de todos los subsectores económicos, en muchos países, a los cielos de las bienaventuranzas económicas, impulsados por unas ciudadanías y por unas empresas alimentadas por un crédito mucho mayor, incluso, que el que éstas y aquéllas habían imaginado necesitar, y a la bajada a los infiernos más oscuros que nadie pudiera figurarse cuando la actividad ha empezado a detenerse a medida que se iba agrietando la confianza: esa fuerza intangible que mantenía cohesionados todos los elementos del sistema.

Auge, consumo, desregulación, endeudamiento al alza; planes de rescate, ayudas del Estado, quiebras, riesgo sistémico. Dos vocabularios para dos realidades. Libertad y no intervención, mientras el sol brillaba (se creía, se quería creer); ruegos y plegarias, cuando la tormenta comenzó a nublar aquel sol.

El final de esta ya finiquitada historia de las maravillas se manifestó en ese septiembre de 2007 del que ya hemos hablado, cuando, en una reunión del Ecofin, mister Alister Darling, el ministro de Economía británico, pidió (como algo que sería necesario) «una acción internacional» para reducir el riesgo de que «se repitan las turbulencias financieras»; cuando el presidente de la República Francesa, Nicolas Sarkozy, anunció que el modelo de protección social francés ya no era financieramente sostenible, por lo que era necesario un nuevo contrato social; cuando mister Alan Greenspan, el ex presidente de la Reserva Federal estadounidense, afirmó que los riesgos de que la economía de Estados Unidos entrase en recesión eran del 50%, matizando que el hecho de que se produjese dependía de factores que, en aquellos momentos, no podían conocerse.

En aquel septiembre de 2007 comenzó una etapa de incertidumbre, de desear creer, de necesitar creer que era posible mantener en funcionamiento aquella máquina económica que funcionaba desde el año 2003; un año después, el 15 de septiembre de 2008, la quiebra del banco de inversión estadounidense Lehman Brothers supuso el fin de un modo de hacer basado en la no-regulación y la entrada en un nuevo escenario de incertidumbre caracterizado por el empeoramiento progresivo y continuado de las previsiones publicadas por servicios de estudios, expertos e instituciones internacionales. Este nuevo escenario finaliza en diciembre de 2008, cuando en Estados Unidos se hace público que la economía del país lleva oficialmente en recesión desde diciembre del año anterior, y cuando todas las estimaciones apuntaban a un 2009 recesivo y decreciente.

La tercera fase será el declive continuado: ya no se dispone de material para tapar más agujeros, ya no hay asideros, ni agarres. En 2009, tras un primer trimestre vacío, unos meses de shock: caerá de forma continuada la actividad, que experimentará un empeoramiento sin paliativos desde finales de verano; cambiará la sensación de que no hay salida, pero aún será eso: una sensación, la versión oficial...

Cuando usted esté leyendo estas líneas, las cosas de la economía —es decir, todas las cosas— estarán bastante peor de lo que estaban cuando yo acabé de escribirlas.

En este momento tal vez piense que a su ciudad, a su país, o al planeta ya ha llegado la crisis; pero no, nada más lejos de la realidad: lo peor, verdaderamente, todavía está por llegar.

Si mira a su alrededor, observará que gran número de fábricas continúan en funcionamiento, que camiones, trenes y autobuses siguen transportando mercancías y personas, que la mayor parte de los suministros llegan a las tiendas y a los supermercados, y que todo ello sucede con suficiente regularidad, señal de que su ciudad, su país, aún no se hallan en crisis.

La crisis, la verdadera crisis, cuando estalle, a mediados del 2010, será tremenda, paralizante, una auténtica caída a plomo; será deflación, depresión, nada comparable a pasadas recesiones que usted haya vivido. Será algo semejante al sentimiento que se refleja en los rostros de las gentes que muestran las imágenes tomadas durante la Gran Depresión; unos rostros que, si nos hablasen, aunque lo hiciesen con las palabras de los años treinta, en realidad estarían hablándonos con las de mañana. Los de esas gentes son los rostros de una crisis profunda, sistémica, como la que en estos momentos ya está llamando a nuestras puertas.[2]

Una situación a la que los futuros libros de historia se referirán con un solo apelativo: el crash del 2010.

Vilassar de Mar,
22 de febrero de 2009

ANEXO I

GRÁFICOS Y TABLAS

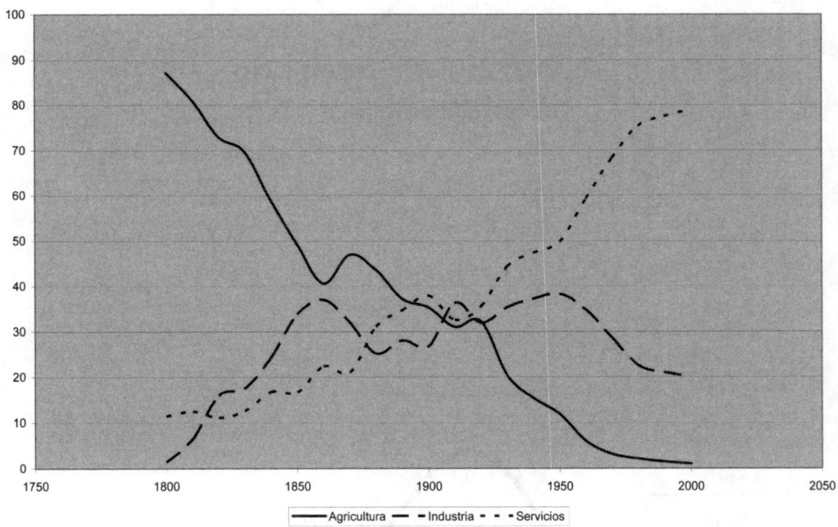

GRÁFICO 1. Estados Unidos. Evolución de la población ocupada por sectores (1800-2000)

FUENTE: Elaboración propia a partir de: José B. Terceiro y Gustavo Matías, *Digitalismo*, Ed. Taurus, 2001.

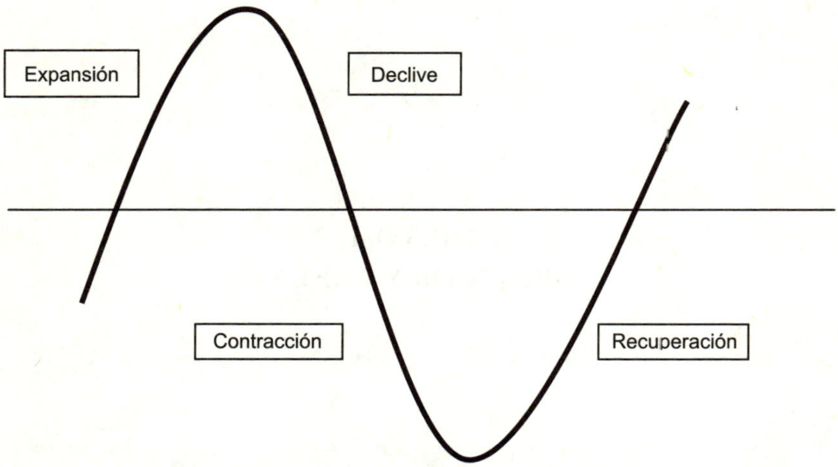

GRÁFICO 2: Fases de un ciclo
Fuente: Elaboración propia.

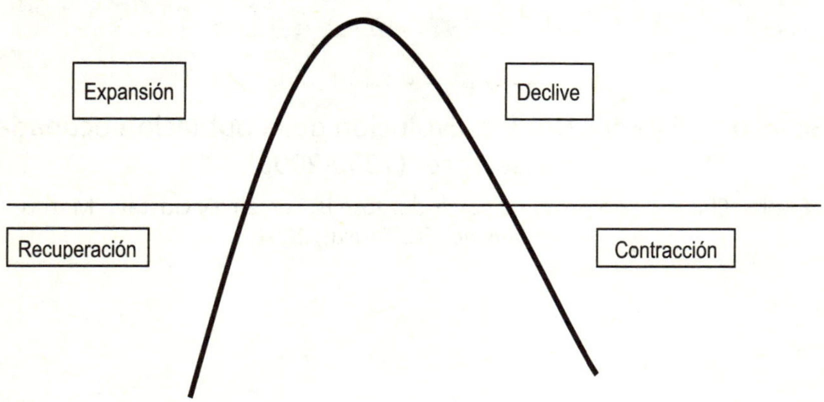

GRÁFICO 3: Fases del ciclo en un sistema
Fuente: Elaboración propia.

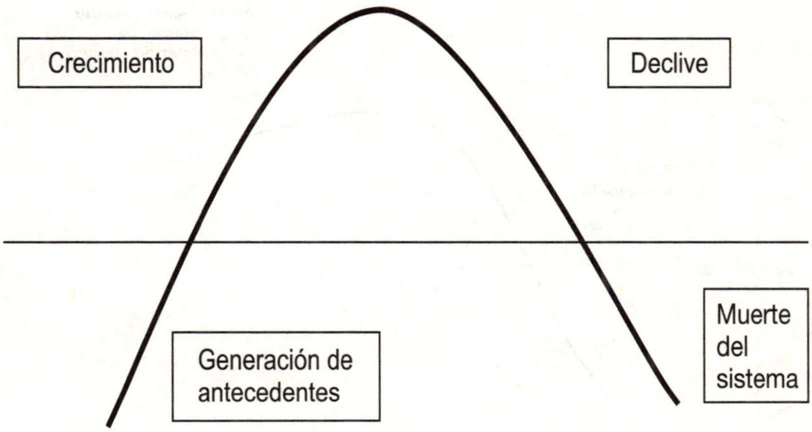

GRÁFICO 4: Fases sistémicas
Fuente: Elaboración propia.

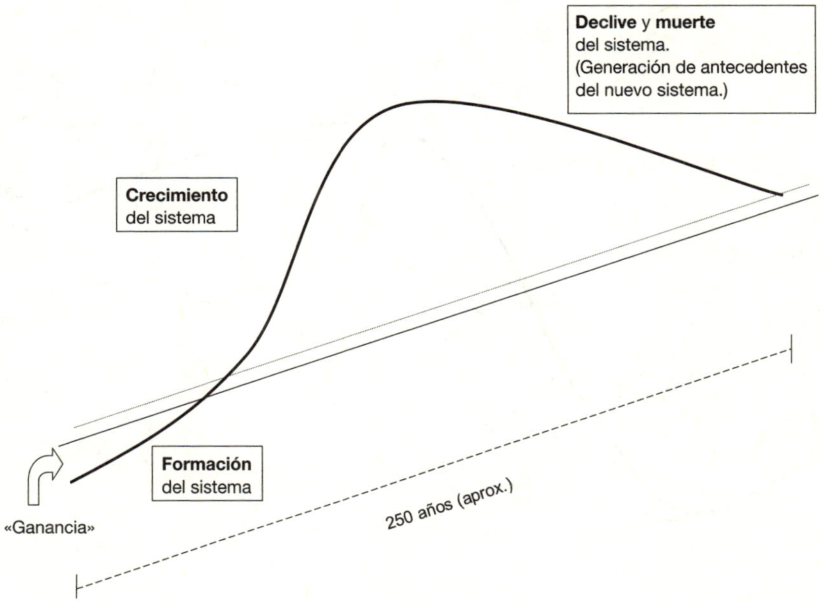

GRÁFICO 5: Fases sistémicas en el tiempo
Fuente: Elaboración propia.

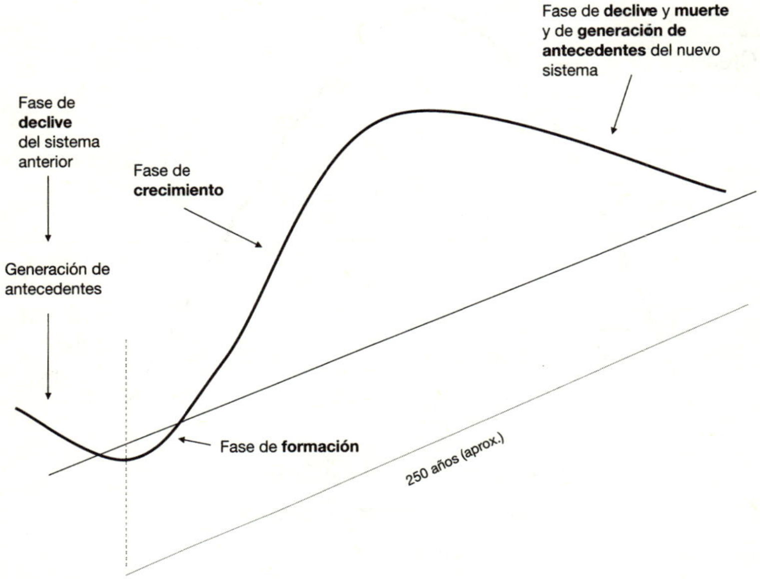

GRÁFICO 6: Formación, crecimiento y declive del sistema
Fuente: Elaboración propia.

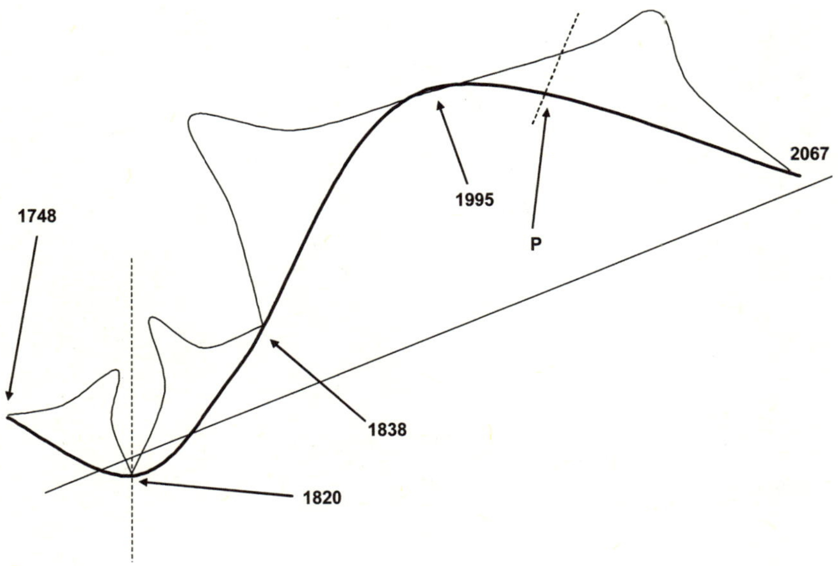

GRÁFICO 7: Secuencia de las fases sistémicas
Fuente: Elaboración propia.

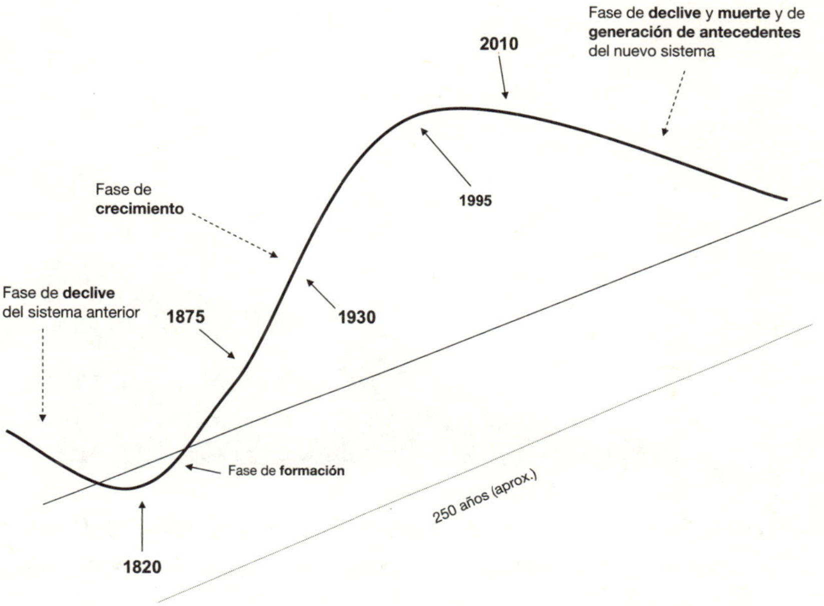

GRÁFICO 8: Las crisis sistémicas del sistema capitalista

Fuente: Elaboración propia.

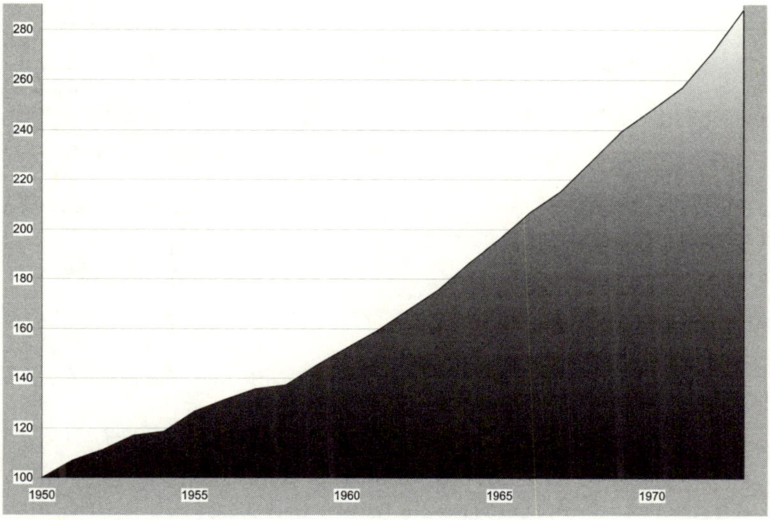

GRÁFICO 9: Economías desarrolladas: PIB 1950-1973 (1950 = 100)

Fuente: 1950-1973: Angus Maddison, *A Millenium Perspective*, OCDE, 2001.

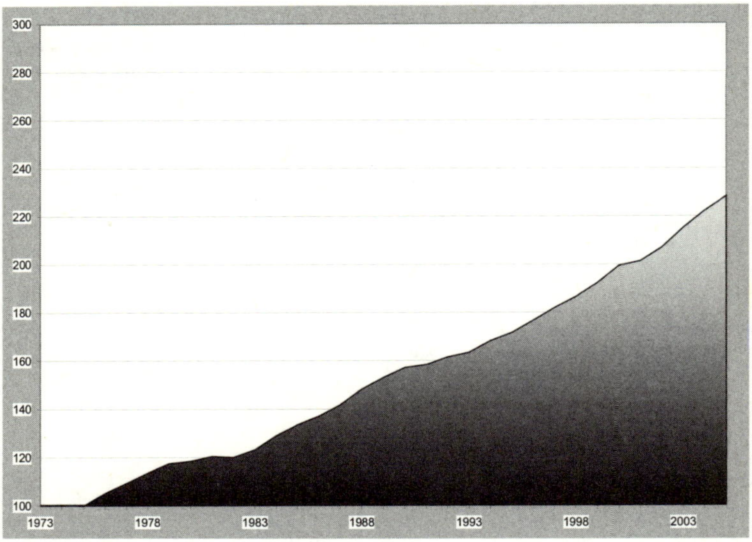

GRÁFICO 10: Economías desarrolladas: PIB 1973-2006 (1950 = 100)

Fuente: 1950-1973: Angus Maddison, *A Millenium Perspective*, OCDE, 2001.

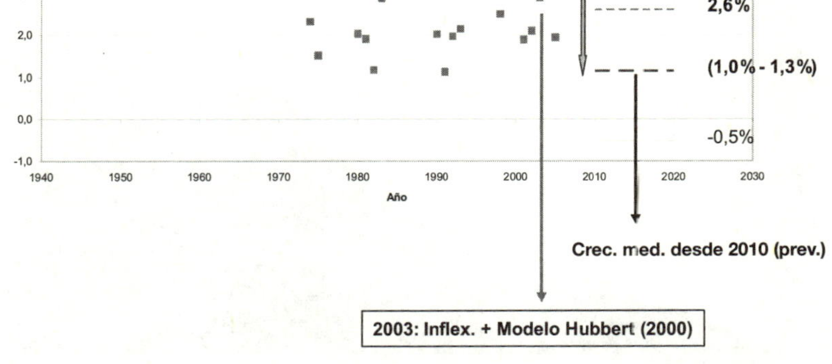

GRÁFICO 11: Variación del crecimiento del PIB mundial por niveles y pronóstico a partir de 2010

Fuente: Santiago Niño Becerra, Lucinio González Sabaté y Jordi Cuadros Margarit, «PIB mundial y petróleo», ponencia presentada en la XXII Reunión de Asepelt, Barcelona, 18-20 de junio de 2008.

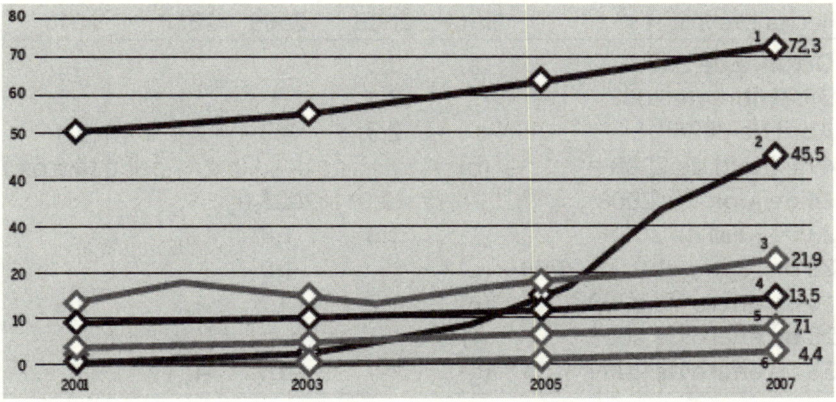

1: PIB total del planeta. 2: Seguros contra impagos de créditos.
3: Valor total de los mercados de valores de EE.UU. 4: PIB de EE.UU.
5: Valor total del mercado de EE.UU. de créditos hipotecarios.
6: Valor total del mercado de bonos del Tesoro de EE.UU.

GRÁFICO 12: Estados Unidos: PIB y seguros contra impagos de créditos

Fuente: Santiago Niño Becerra y Michelle Mizes, «El pròxim crac o les assegurances contra els impagaments de crèdit», *Dossier Econòmic*, 29 de marzo-4 de abril de 2008.

TABLA I. ESPAÑA. PIB: PREVISIONES

Fecha previsión	Nota	2008	2009	2010	2011
Octubre de 2007	(a)	3,5			
Diciembre de 2007		3,1	3		
Abril de 2008		2,3	2,3	2,8	3,1
4 de junio de 2008	(b)				3,0 (aprox.)
24 de junio de 2008		<2,0	<2008 (c)		
23 de julio de 2008		1,6	1,0		
26 de septiembre de 2008	(d)		1,0		
16 de enero de 2009	(e)	1,2	−1,6	1,2	2,6
28 de enero de 2009	(f)	1,1			
28 de enero de 2009	(g)		−1,7	−0,1	

(a) Tasa a la que se consideró que la economía crecería en el 2008 para elaborar los presupuestos de dicho año. Supuesto: barril de crudo a 90 USD.
(b) «En tres años».
(c) «Por debajo del 2% este año y menos en 2009» (Pedro Solbes, ministro de Economía, en declaraciones a TVE).
(d) Tasa de crecimiento considerada para elaborar los presupuestos de 2009.
(e) Paralelamente, el déficit público previsto fue: 2008: 3,4 / 2009: 4,8 / 2010: 3,9.
(f) Banco de España, confirmación a 31.12.2008.
(g) FMI

FUENTE: Diario *El País* de varios días, Banco de España, Fondo Monetario Internacional

ANEXO II
HISTORIA DECISIVA DEL SISTEMA CAPITALISTA

CUADRO I
ANTECEDENTES (1500-1789/1815)

Características:

- Fase: Economía de base agraria y comercial.
- Centro: España, Inglaterra, Francia.
- Energía básica: Combustión de madera.
- Creciente utilización de bienes de capital en la producción de manufacturas.
- Importancia en aumento del componente financiero.
- Vital importancia del comercio.
- Rápido desarrollo del racionalismo.
- Tensiones políticas crecientes entre burguesía y monarquía.
- Inicio y extensión del colonialismo.

1492-1500	Apertura de las rutas de expansión occidental y oriental.
1536	Juan Calvino delimita las bases del individualismo económico con su obra *Institución de la religión cristiana*.
1600	Inicio y desarrollo de las compañías de comercio en régimen de monopolio.

Creciente importancia de las Bolsas de valores.

Inicio y expansión del Putting-out System, por el que se reducen los costes de elaboración de manufacturas a la vez que se introduce la flexibilidad en sus procesos de elaboración.

1620 Francis Bacon, en *Novum Organum*, inaugura el método científico.

1648 La Paz de Westfalia consagra el principio de no injerencia por un Estado en los asuntos de otro Estado.

1672 La Ley del Habeas Corpus instaura la detención de un súbdito sólo por orden judicial.

1690 Con *Essay concerning Human Understanding (Ensayos sobre el entendimiento humano)*, John Locke fija las bases del empirismo, y con el *Two Treatises of Government* (incluye *Concerning Civil Government*, *Tratado sobre el gobierno civil*), las del liberalismo.

1694 Libertad de prensa en Inglaterra.

1698 Thomas Savery: primera bomba de vapor.

1715-1720 En Francia, debido a la gigantesca deuda del Estado y siguiendo las teorías de John Law, con el permiso del regente, Felipe de Orleans, se crea el Banco General a fin de emitir unos títulos canjeables por oro, dando así nacimiento al papel moneda. En 1720, la desconfianza llevó a un intento masivo de canje por parte de los tenedores produciéndose la quiebra del sistema, lo que generó una crisis financiera en Francia y en Europa.

1748 Charles Louis de Secondat, barón de la Brède y de Montesquieu, expone en *De l'esprit des lois (Del espíritu de las leyes)* la necesidad de separación entre los poderes legislativo y ejecutivo.

1751 Diderot y D'Alembert publican el primer tomo de la *Enciclopedia*.

1762 En *Du contrat social (El contrato social)*, el suizo Jean Jacques Rousseau diseña un mundo dominado por la soberanía del pueblo y por un Estado que desempeña su papel a través de un contrato firmado con todos sus habitantes.

1769 En Gran Bretaña, James Watt construye una máquina de vapor operativa y de uso múltiple.

2.ª mitad del s. XVIII Principiando en Inglaterra, desarrollo de las *enclosures*, lo que ocasiona un aumento de la productividad agraria y fuerza un desplazamiento masivo de población rural hacia las áreas manufactureras.

1776 *An Inquiry into the Nature and Causes of the Wealth of Nations (Investigación sobre la naturaleza y las causas de la riqueza de las naciones)*, de Adam Smith, sienta las bases del liberalismo económico.

1788 Immanuel Kant, en su *Crítica de la razón práctica*, expone que la libertad del hombre es la libertad del gobierno de sí mismo, el bienestar de cada individuo es un fin en sí mismo y la razón debe mover a actuar al legislador de modo que el resultado represente la voluntad única del pueblo.

1789 Con la Revolución francesa nace un nuevo orden propicio para la naciente burguesía industrial.

CUADRO 2
PRIMERA REVOLUCIÓN INDUSTRIAL (1789/1815-1860)

Características:

- Fase: Acumulación originaria de capital.
- Centro: Inglaterra, Francia, Bélgica, Prusia.
- Energía básica: Vapor obtenido de la combustión de carbón mineral.
- Desarrollo del maquinismo.
- Incremento de la productividad.
- Revolución demográfica.
- Emigración: campo-ciudad y Europa-América.

1799-1800 Por la Combination Act quedan prohibidas las asociaciones obreras para la defensa de sus intereses.

1807 Abolición de la esclavitud en el Reino Unido.

1815 El Congreso de Viena reimplanta el orden del Antiguo Régimen.

1818 Mary Shelley publica *Frankenstein; or, the Modern Prometheus.*

1819 Arthur Schopenhauer expone en *El mundo como voluntad y representación* que el hombre está guiado por el principio del egoísmo.

1823 El presidente estadounidense James Monroe promulga su doctrina a fin de frenar cualquier intento intervencionista europeo en Sudamérica.

1825 En el Reino Unido, entra en servicio la primera línea férrea.

1832 La burguesía incrementa su presencia en el Parlamento británico.

1834 Derogación práctica de las Poor Laws, lo que supone la eliminación de ayudas públicas a personas desamparadas.

1838-1848 En el Reino Unido el Movimiento Cartista publicita la Carta del Pueblo, un programa diseñado por la Asociación de Trabajadores de Londres, a favor de reformas sociales y electorales.

1844 En Estados Unidos se pone en funcionamiento la primera línea telegráfica.

1848 Crisis económica y proceso revolucionario de carácter nacionalista.

Los alemanes Karl Marx y Friedrich Engels publican *Manifiesto Comunista*, fundamento del socialismo científico.

1849 y 1851 Descubrimiento de los yacimientos auríferos de California y Australia, lo que posibilita la expansión de la oferta monetaria.

1853-1870 Se inicia un intenso período bélico: Crimea, Estados Unidos, Austria y Prusia, Francia y Prusia.

1859 Primeras explotaciones petrolíferas en Estados Unidos. *On the Origin of Species by means of natural selection (El origen de las especies)*, del británico Charles Darwin, expone la tesis de que, en el proceso evolutivo, tan sólo sobrevive el que consigue adaptarse.

CUADRO 3
SEGUNDA REVOLUCIÓN INDUSTRIAL (1860-1950)

Características:

- Fase: Consolidación productiva y expansión del componente financiero.
- Centro: Imperio Alemán, Reino Unido, Francia, Estados Unidos.
- Energía básica: Declive del vapor y expansión de la electricidad. Inicio y primera fase del petróleo.
- Avances científicos aplicados a la producción.
- Incrementos acusados de la productividad y primeras manifestaciones de desajustes entre oferta y demanda.
- Consolidación del movimiento obrero.
- Tasas elevadas de emigración a América hasta la primera guerra mundial.
- Desarrollo del imperialismo.

1860 En Bélgica principia la producción de energía eléctrica.

1864 Primera Internacional Socialista.

1865 La Unión Internacional del Telégrafo crea un único lenguaje telegráfico.

1866 Primer cable submarino, entre Estados Unidos y Reino Unido.

1867 En el primer tomo de *Das Kapital (El capital)*, Karl Marx expone la dinámica de la explotación capitalista.

1874 La mayoría demócrata en el Congreso estadounidense propicia un acercamiento entre el Norte y el Sur.

1880 En Estados Unidos empieza el desarrollo de la industria eléctrica.

1880-1890 El canciller del Reich Otto von Bismark introduce los antecedentes de la seguridad social en el imperio.

1882 El alemán Friedrich Ratzel define el concepto de *Geopolítica*.

1884 En la Conferencia de Berlín, las grandes potencias coloniales acuerdan el reparto de África, dando origen al imperialismo.

1886 En Estados Unidos comienza el proceso de formación de Trusts a fin de obtener el dominio de los mercados de los bienes cuya producción es objeto de monopolio.

1890 Promulgación de la Sherman Anti-Trust Act.

1895 Con la guerra por la independencia de Cuba principia la intervención abierta de Estados Unidos en Latinoamérica.

1902 En el Reino Unido, primer tractor para usos agrícolas.

1907 Crisis mundial de origen financiero que, fundamentalmente, afecta a Estados Unidos.

En Estados Unidos toma cuerpo el «darwinismo social».

1909 En el Reino Unido, con David Lloyd George (Partido Liberal) como primer ministro, aprobación de la Old Age Pensions Act, que introduce las pensiones de jubilación financiadas con nuevos impuestos sobre los mayores ingresos.

1911 En Estados Unidos comienza la aplicación intensiva del taylorismo.

En el Reino Unido, Lloyd George consigue la aprobación de la National Insurance Act, por la que se crea el seguro de enfermedad y desempleo.

1913 En Estados Unidos, creación del Banco de la Reserva Federal.

Puesta en funcionamiento de las cadenas de montaje de la Ford Motor Company.

1914-1918 La primera guerra mundial acentúa el declive de Europa frente a Estados Unidos.

1918 El presidente estadounidense Woodrow Wilson pronuncia la Declaración de los Catorce Puntos, que incluye el principio de autodeterminación nacional.

1920 *The Economics of Welfare (La economía del bienestar)*, de Arthur Pigou, constituye el primer ensayo sobre la relación entre bienestar personal y bienestar económico general.

1923 Principian «Los Felices Años Veinte», en los que la productividad experimenta un avance notable junto con un marcado empeoramiento en la distribución de la renta.

1924 Se pone a la venta el primer alimento congelado: pescado.

1929 Inicio de la Depresión de los Años Treinta.
En el Reino Unido, primera emisión de televisión.

1931 Abandono del patrón oro.

1932 En Alemania, triunfo electoral del nacionalsocialismo.

1933 Puesta en marcha en Estados Unidos del programa de reactivación económica New Deal, lo que supone el inicio de la intervención del Estado en la economía.
En Estados Unidos se promulga la Glass-Steagall Act, por la que quedan separadas las actividades de los bancos comerciales y los de inversión a fin de evitar la especulación de la banca comercial en los mercados de valores.

1936 El británico John Maynard Keynes publica *The General Theory of employment, interest and money (Teoría general del empleo, el interés y la moneda)*, fundamento teórico del modelo de demanda.

1938 En Suecia se firman los Acuerdos de Saltsjöbaden entre la patronal y los representantes obreros con el Estado como garante.

1939 En Estados Unidos es instaurado el Food Stamp Program, por el que las personas con bajos ingresos reciben cupones para adquirir alimentos de primera necesidad.

1939-1945 La segunda guerra mundial convierte, ya sin oposición, a Estados Unidos en la primera potencia mundial.

1942 Primer reactor nuclear.

En el Reino Unido, la publicación del informe coordinado por lord Beveridge «Social Insurance and Allied Services» expone las posibles tensiones que pueden generarse por la situación en que se halla la clase obrera.

1944-1945 En el Reino Unido y en Francia, oleada de nacionalizaciones de industrias esenciales.

1944 Diseño de un nuevo sistema monetario mundial favorecedor de los intercambios económicos internacionales que incorpora la realidad geopolítica existente tras la guerra.

En el Reino Unido, generalización de la enseñanza secundaria financiada con fondos públicos.

1945 Conferencia de Yalta: Estados Unidos, Reino Unido y la URSS deciden el establecimiento de zonas de influencia mundial.

Creación de la ONU.

Acuerdo entre Estados Unidos y Arabia Saudí por el que aquél se aseguraba el suministro de petróleo de Arabia.

En Estados Unidos, inicio del «Baby Boom» (hasta 1960) que, posteriormente, se irá extendiendo a otros países.

1946 En el Reino Unido la promulgación de la National Insurance Act define el marco estructural del Welfare State.

En Estados Unidos, puesta en ejecución del Fair Deal (hasta 1950), programa estatal de impulso económico y a favor de la protección social: Employment Act (1946), búsqueda del pleno empleo; Housing Act (1949), por vez primera se dotan fondos públicos para la construcción de viviendas; Fair Labour Standards Act Amendments (1950), incremento del salario mínimo; Social Security Act Amendments (1950), aumento de los beneficios de la seguridad social y ampliación de los mismos a los sectores de población anteriormente no cubiertos, como la agricultura y el trabajo doméstico).

El pediatra estadounidense Benjamin Spock revoluciona el cuidado de la infancia temprana con su obra *Common Sense Book of Baby and Child Care*.

1947 Inicio de la guerra fría.

La Doctrina Truman se convierte en el modelo de democracia formal del sistema capitalista.

1948 Inicio del Plan Marshall (hasta 1961).

En el Reino Unido, puesta en marcha del primer ordenador con un programa almacenado.

1949 En la República Federal Alemana, el gobierno del canciller Ludwing Erhard inicia la economía social de mercado.

Creación de la OTAN.

CUADRO 4
TERCERA REVOLUCIÓN INDUSTRIAL (1950-1989 / 1994)

Características:

- Fase: Globalización económica: el mundo como mercado.
- Centro: Estados Unidos.
- Energía: Generalización y expansión del petróleo. Desarrollo de la energía nuclear.
- Creciente intervención del Estado en economía y posterior cuestionamiento de la misma.

- Crecimiento basado en la producción en serie y en el consumo masificado.
- Desarrollo del capitalismo popular.
- Progresiva pérdida de importancia del movimiento obrero.
- Acusada tendencia hacia el individualismo.

1950 (década) Generalización paulatina del uso de la píldora anticonceptiva en Occidente.

1951 Las compañías alemanas empiezan a incluir a representantes de los trabajadores en sus consejos de administración.

1954 Primera comida precocinada para consumir donde se desee.

1955 Expansión del rock-and-roll.

1957 En Estados Unidos, la aprobación de la Ley de Derechos Civiles supone el fin de la segregación racial.

1958 En Estados Unidos, creación del circuito integrado.

1959 En Alemania, el Partido Socialista (SPD) renuncia al ideario marxista.

En Estados Unidos, lanzamiento de la muñeca Barbie con una imagen de mujer liberada y emancipada moral y económicamente.

1962 En Estados Unidos, las exposiciones colectivas de Los Ángeles y Nueva York —New Realists—, que incluyen las serigrafías de Andy Warhol, inician oficialmente el Pop Art.

1963 Un satélite estadounidense retransmite las primeras imágenes transoceánicas de televisión.

1964 En Estados Unidos es promulgado el programa Great Society con el objetivo de luchar contra la pobreza; entre sus medidas destaca la creación del Medicare, la institución de ayuda federal a la educación y la creación del Departamento de Vivienda y Desarrollo Urbano.

1969 Entra en funcionamiento el primer host de Arpanet.

En UCLA, primer servidor informático.

Primera red de telefonía global.

1973 La primera crisis de la energía pone fin a la época de energía barata.

Herbert Marcuse, en *Contrarrevolución y Revuelta*, declara la imposibilidad de la revolución social.

El Club de Roma determina la posibilidad de agotamiento de los recursos en *Los límites del crecimiento*.

1976 En *Teoría de los precios* —revisión de la obra ya publicada en 1962—, Milton Friedman expone las bases del liberalismo económico moderno, el llamado *neoliberalismo*, fundamento teórico del modelo de oferta.

1979 Segunda crisis energética.

1980 (década) Inicio de los gobiernos seguidores del modelo de oferta: Reino Unido, Estados Unidos (1980) y República Federal Alemana (1982).

Desarrollo y expansión del proceso globalizador.

1980 Comienzan las emisiones de la cadena de noticias por cable CNN.

En Estados Unidos es promulgada la Depositary Institutions and Monetary Control Act, que anula casi toda la regulación que separaba las operativas entre bancos comerciales y de inversión de 1933.

1981 Aparición del ordenador personal y del sistema operativo MS-DOS.

1982 Primera generación de telefonía móvil.

El presidente de la Reserva Federal (FED), Paul Volcker, recorta por tercera vez en seis semanas los tipos de interés, lo que supone el empujón definitivo para la expansión del capitalismo popular.

1983 En el Miami Winter Symposium, primera descripción en un foro internacional de la obtención de plantas transgénicas.

1984-1985 Tras las medidas del gobierno británico, empieza el declive del poder sindical.

1989 Fin del llamado socialismo real.

En Latinoamérica empieza la aplicación de planes económicos de ajuste dirigidos por el FMI.

Embrión de la World Wide Web.

Francis Fukuyama publica *The End of History (El fin de la historia)*, donde expone que, debido al triunfo del capitalismo liberal, ha finalizado la historia que conocemos basada en la oposición entre fuerzas económicas, políticas y sociales antagónicas.

1991 La reunificación alemana inicia un período de inestabilidad monetaria mundial y acelera el proceso de especulación financiera.

Desaparición de la URSS e inicio del tránsito hacia el capitalismo en los países del Bloque del Este de Europa.

Primera guerra del Golfo.

CUADRO 5
TRANSICIÓN SISTÉMICA (1994-2007 / 2020)

Características:

- Fase: Consecución de todos los objetivos capitalistas.
- Centro: El planeta global.
- Energía estratégica: Petróleo. Nuclear. Eficiencia energética y energías alternativas. Energía de fusión: primeros ensayos de laboratorio.
- Progresiva combinación de las técnicas de producción masiva con la posibilidad de personalización de los bienes demandados.
- La mejora continuada de la productividad se configura como un objetivo factible.
- Las TIC posibilitan las reducciones continuadas en los costes de producción.
- Replanteamiento operativo del modo de producción durante la fase de crisis 2007-2020.

1994 Aparición de Mosaic: primer navegador de internet de uso masivo.

En Estados Unidos, aprobación de la CALEA (Communications Assistance for Law Enforcement Act), por la que se obliga a los carriers de telecomunicaciones a tener sus equipos preparados para ser interceptados por las fuerzas de la ley. Debía entrar en funcionamiento en 1998; lo hace en el 2000.

En *The End of Work. The Decline of the Global Labour Force and the Dawn of Post Market Era (El fin del trabajo. El declive de la fuerza de trabajo global y la aurora de la era post-mercado)*, Jeremy Rifkin expone que las nuevas tecnologías suponen la necesidad decreciente de mano de obra en todos los órdenes productivos.

1995 Anthony Giddens lanza el concepto de Tercera Vía, una socialdemocracia de signo marcadamente liberal.

Variadas aportaciones informáticas en el entorno del usuario: Windows 95, lenguaje Java...

Los países miembros de la UE acuerdan la creación de un moneda única en enero de 2002.

1997 Aprobación del Protocolo de Kioto sobre el cambio climático.

1998 En *The Biotech Century. Harnessing the Gene and Remaking the World (El siglo de la biotecnología. Manipulando los genes y rehaciendo el mundo)*, Jeremy Rifkin define los elementos de la nueva matriz de características operativas sistémicas que se está desarrollando como resultado de los avances en el campo biotecnológico.

1999 Entra en vigor el euro con el fin de que Europa rompa su dependencia del dólar estadounidense.

En Estados Unidos, promulgación de la Gramm-Leach-Bliley Act, que deroga las últimas regulaciones que aún impedían las mezclas entre los capitales y las inversiones de distintos tipos de instituciones financieras.

2000 Inicio del Peer to Peer (P2P).

Jeremy Rifkin publica *The Age of Access. How the Shift from Ownership to Access is Transforming Capitalism (La era del acceso. Cómo el cambio desde la propiedad privada al acceso está transformando el capitalismo)*, donde expone el tránsito que se está experimentando en el sistema desde la propiedad de los bienes al acceso a su uso.

2001 En Estados Unidos y tras el ataque a las Torres Gemelas, promulgación de la USA Patriot Act (Uniting and Strengthening America by Providing Appropriate Tools Required to Intercept and Obstruct Terrorism), por la que se faculta a los tribunales militares para el enjuiciamiento de aquellos ciudadanos extranjeros considerados terroristas y otras medidas que amplían el poder de las fuerzas de seguridad.

2002 Francis Fukuyama, en *Our Posthuman Future: Consequences of the Biotechnology Revolution (Nuestro futuro posthumano: consecuencias de la revolución biotecnológica)*, expone que la entidad científica y moral que se conforme a partir de las prácticas biotecnológicas y genéticas será posthumana.

En Estados Unidos comienza la expansión de las Neighborhood Area Network, basadas en el acceso inalámbrico a internet, lo que posibilita la existencia de vínculos vecinales de cooperación.

En Estados Unidos, IBM crea el transistor basado en la nanotecnología del carbono, de mucha mayor velocidad de proceso que los de silicio.

Holanda y Bélgica aprueban la eutanasia en varios supuestos de enfermedad incurable o irreversible.

En Estados Unidos se anuncia la puesta en marcha de un plan para construir un cromosoma sintético e implantarlo en una célula a la que se haya extraído el material genético, lo que supone la formación de vida. Asimismo, se estudiará la reproducción de ese nuevo ser.

Estados Unidos crea el Departamento de Seguridad

Interior que agrupa a 22 agencias federales para, en palabras del presidente George W. Bush, «defender y proteger a nuestros ciudadanos de los peligros de una nueva era». La creación supone el desarrollo de diversos programas, como el Total Information Awarness (Conciencia de Información Total), que podrá unificar toda la información electrónica y policial disponible en cada momento y por cualquier medio. El programa permite rastrear miles de millones de transacciones bancarias, comunicaciones, compras, viajes, documentos de identidad o historiales médicos y laborales de ciudadanos del mundo, a los que tendrán acceso instantáneo los servicios secretos estadounidenses.

En varios países europeos se comienza a estudiar la reforma del modelo de protección social a fin de reducir sus costes.

2003 Segunda guerra del Golfo (oficialmente, 20 de marzo-1 de mayo).

En Alemania tiene lugar el primer congreso ecuménico entre las Iglesias Católica y Evangélica.

En la Cumbre de Evian, el G8 concluye que el recorte en el modelo de protección social es la mejor forma de que las economías del grupo se adapten a la globalización.

En Londres, convocada por el primer ministro británico Tony Blair y bajo el título «Conferencia para un gobierno progresista», tiene lugar una reunión mundial de líderes socialdemócratas en la que se abordan las características de lo que debe ser la nueva izquierda: pragmatismo y responsabilidad personal.

Las autoridades económicas estadounidenses reconocen, por primera vez, que se está produciendo crecimiento económico con una muy reducida creación de empleo del factor trabajo.

2004 En Francia, la policía queda autorizada a espiar en lugares privados con la sola autorización de un juez.

2005 Entra en vigor el Protocolo de Kioto.

En Estados Unidos, el Congreso convierte en definitivas la mayoría de las restricciones a las libertades individuales promulgadas desde el 11-S.

2006 Alemania inicia una profunda revisión de su sistema público de pensiones.

El gobierno británico promulga una ley por la que los funcionarios municipales pierden el derecho de jubilarse a los 60 años con la totalidad de la pensión.

En Estados Unidos, la compañía Ventria Bioscience anuncia la creación de una variedad de arroz modificado al que se le han incorporado dos genes humanos a fin de reducir el riesgo de diarreas: primera utilización de material genético humano en la producción de bienes de consumo.

En Estados Unidos, el implante de un chip en el cerebro de dos tetrapléjicos les permite abrir y cerrar con el pensamiento archivos de un ordenador.

El Congreso de Estados Unidos aprueba la construcción de un muro de 1.100 km a lo largo de su frontera con México a fin de frenar la inmigración ilegal.

Con la participación de fuerzas militares de varios países y organizadas por el Pentágono, tienen lugar las maniobras Urban Resolve 2015, en las que se desarrolla el que se supone será el escenario de combate típico en el horizonte del año 2015: urbano y en barrios superpoblados y miserables.

La Comisión Europea considera «insostenible» el nivel de endeudamiento de las familias de la UE.

Un informe elaborado por encargo de la Comisión Europea pone de manifiesto que en el 2012 Europa no dispondrá del 33% del gas que entonces necesitará.

La ONU, bajo el rótulo Panel Intergubernamental de Cambio Climático, publica tres informes sobre el cambio climático en los que explicita que parte de los efectos del calentamiento global son ya irreversibles.

2007 El gobierno británico presenta una iniciativa para crear una gigantesca base de datos nacional con informaciones de todos los ciudadanos que compartirían los organismos gubernamentales.

Estados Unidos prueba el sistema ADS (Active Denial System: Sistema de Negación Activo), basado en ondas calóricas; su finalidad es repeler multitudes a 500 m de distancia; se prevé que será operativo en el año 2010.

(Marzo) En Estados Unidos, manifiesto temor a una crisis hipotecaria debido al fuerte incremento de la morosidad en las hipotecas de alto riesgo *(subprime)* que en el año 2006 aumentó el 35 %.

Un informe del Ministerio de Defensa británico sobre la situación mundial en un horizonte a treinta años contempla un escenario de cambios profundos provocados por la globalización, la creciente vulnerabilidad de la clase media, el aumento de la distancia entre ricos y pobres, los avances biotecnológicos (como el implante de chips a nivel cerebral, lo que permitiría la telepatía), las consecuencias derivadas de los grandes retos económicos y sociales a los que se enfrentará China, y los incrementos en las migraciones mundiales.

Francia se plantea crear una red de videovigilancia en las calles similar a la ya existente en el Reino Unido, donde ya se hallan operativos 4,2 millones de cámaras.

(Agosto) En Estados Unidos se hace público que de resultas de la crisis de las hipotecas de alto riesgo entre 1 y 3 millones de ciudadanos pueden llegar a ser embargados y perder sus viviendas.

El gobierno alemán anuncia su intención de crear un troyano (RFS: Remote Forensic Software) con el objetivo de ser utilizado con fines policiales.

Las compañías francesas Gaz de France y Suez deciden su fusión (la segunda absorbe a la primera), lo que dará lugar a la tercera empresa energética del mundo.

Escalada en vertical del precio del trigo. Al aumento de la demanda de grano para biocombustibles se une la decisión de Rusia (cuarto exportador mundial) de restringir sus exportaciones.

En Estados Unidos, por vez primera se publica el genoma completo de una persona.

En el Reino Unido se autoriza la creación de embriones híbridos de animales y humanos para el desarrollo de terapias basadas en las células madre a fin de combatir enfermedades.

Nicolas Sarkozy, presidente de la República Francesa, anuncia que el modelo de protección social francés no es financieramente sostenible; paralelamente anuncia que es necesario un nuevo Contrato Social que debe contemplar «asumir la cultura del esfuerzo», contrato de trabajo más flexible, penalización de las jubilaciones anticipadas, sanciones a los desempleados que rechacen ofertas de trabajo, acabar con los privilegios de ciertos colectivos —funcionarios— y de ciertas profesiones —empleados de ferrocarriles, del gas, de la electricidad, mineros y marinos—, «refundación de la función pública» —reducir el número de funcionarios, flexibilizar su estatuto, individualizar los criterios de remuneración—, promulgación de una ley de servicios mínimos en caso de huelga.

En septiembre, en Estados Unidos cierra el banco Netbank, uno de los primeros bancos en internet, debido a los efectos de la crisis de las *subprime*.

En Estados unidos, al menos dos compañías (No Lies y Cephos Corporation) desarrollan escáners cerebrales para detectar la mentira.

La Agencia Europea aprueba un medicamento para el cáncer de colon útil exclusivamente para personas que cuenten con un gen —denominado «ras»— no mutado, ya que en caso de que lo esté su eficacia será nula. Esta medida inaugura la era de la medicina a medida.

En octubre, inicio de la fase de intervenciones púbicas en el entorno financiero: la Autoridad de Servicios Financieros británica incrementa la garantía de los depósitos bancarios al 100 % de las primeras 35.000 libras (antes: el 100 % de las primeras 2.000 y el 90% de las siguientes 33.000).

Benedicto XVI publica la encíclica *Spe salvi* («Salvados en la esperanza»), en la que critica el individualismo que supone la «salvación del alma» y pone el acento en la dimensión comunitaria del cristianismo.

En la UE se decide crear un consejo de sabios para que diseñen las líneas de la Europa de 2020, bajo el título «Modernización del modelo europeo». Deberá informar en el año 2010.

La Cumbre del Clima de Bali acuerda que los países ricos compensarán a los tropicales por mantener sus bosques, es decir, por no talar.

En diciembre, la economía estadounidense entra en recesión oficialmente. (Manifestado en diciembre de 2008.)

2008 (Enero) En Estados Unidos, a los problemas de las *subprime* se añaden los de las aseguradoras de bonos: no tienen suficiente liquidez para hacer frente a las pólizas.

(Enero) En Estados Unidos, Craig Venter construye un cromosoma sintético de una bacteria a partir de la construcción de segmentos artificiales de su ADN y su posterior ensamblaje en una bacteria mayor, y en una levadura, en la fase final, debido al tamaño, lo que puede abrir la puerta a la construcción de organismos bajo pedido que realicen funciones que no tienen lugar en la naturaleza, como bacterias que degraden gases contaminantes o que transformen la luz solar en hidrógeno, lo que da la posibilidad a una compañía de conseguir una posición monopolista.

(Enero) En Estados Unidos, la suma de activos de los bancos de negocios alcanza un monto que representa el 23% del PIB, en 1988 representaba el 3%.

(Febrero) El Estado británico nacionaliza el banco Northern Rock debido a los efectos de las *subprime*.

(Febrero) En Estados Unidos y en la Unión Europea, comienza la inyección de fondos públicos en la banca privada debido al impacto que están causando las *subprime* y otros activos basura en su capital. A lo largo del año se irán produciendo distintas intervenciones en subsectores de la economía real, y también en Japón y en China. La falta de confianza del subsector financiero en la solvencia de sus propias entidades congela la concesión de créditos.

(17 de marzo) Estados Unidos: J.P. Morgan, con la bendición y la ayuda de la Reserva Federal, adquiere Bear Stearns, uno de los cinco mayores bancos de inversión estadounidenses.

(Marzo) En Estados Unidos comienza la fase de desendeudamiento: la banca deja de crecer: abandona el objetivo del crecimiento por el crecimiento, es decir, su deuda deja de aumentar, por lo que el crédito no se incrementa al ritmo que sería necesario para mantener el modelo como se ha estado creciendo, lo que empieza a tener efectos sobre la generación de PIB, sobre la creación de empleo...

(Abril) Unión Europea: El Tribunal de Justicia de las Comunidades Europeas decide que no tienen por qué ser aplicadas las normas salariales existentes en un país a los trabajadores de una empresa de otro país subcontratada para realizar una tarea; el caso juzgado fue el de 52 trabajadores de una empresa polaca subcontratada por una empresa alemana para realizar una serie de trabajos en la Baja Sajonia que fueron remunerados con el 46,57% del salario mínimo establecido en el Estado alemán.

(Abril) Se firma el acuerdo de «cielos abiertos» entre la Unión Europea y Estados Unidos, por el que compañías aéreas de la UE podrán volar a Estados Unidos desde un país comunitario que no sea el de la compañía en cuestión; además, compañías estadounidenses podrán volar entre países de la UE, pero aún no dentro de los países.

(Abril) Microsoft lanza Live Mesh, un software que permite conectar entre sí cualquier tipo de utensilio conectado a internet y actuar con todos como si de uno solo se tratase. La compatibilidad será universal (no sólo con elementos que funcionen con software de Microsoft).

(Abril) La Unión Europea comienza la elaboración de los planes para expulsar a ocho millones de inmigrantes sin papeles y estudia la ampliación del el período de detención de los inmigrantes durante el proceso de obtención de la documentación de residencia.

(Mayo) La Unión Europea empieza la puesta en marcha de diversos procesos para 1) diseñar un mejor sistema de funcionamiento de la UEM a fin de afrontar los desafíos de la globalización, el envejecimiento y el cambio climático, 2) «Reforzar la capacidad de vigilancia de la UEM», 3) «Permitir una mayor coordinación de las políticas económicas en la zona euro» y 4) «Los gobiernos deben evitar manipulaciones para mejorar la competitividad de sus industrias y deben promover políticas que vinculen salarios y productividad».

(Mayo) Energía de fusión: previsiones publicadas: 2018: primer prototipo operativo, 2030: primeras centrales comerciales.

(Junio) El Congreso de Estados Unidos aprueba una

ley por la que el Estado podrá espiar las comunicaciones de ciudadanos estadounidenses y de los extranjeros sospechosos de terrorismo sin necesidad de una orden judicial, quedando garantizada la inmunidad de las compañías telefónicas que colaboren en las escuchas.

(Junio) El Parlamento sueco aprueba una ley por la que, desde el 1 de enero de 2009, los servicios secretos podrán espiar, sin autorización de un juez, llamadas, faxes y mails enviados al extranjero (en la práctica es imposible discriminar las llamadas nacionales de las internacionales).

(Junio) Francia: De resultas de un decreto promulgado por el gobierno es creado el fichero EDVIGE: Explotación Documental y Valorización de la Información, por el que se creará una base de datos sobre «todas las personas susceptibles de alterar el orden público», incluidos menores de 13 años, así como sobre la salud y la orientación sexual de personalidades políticas o del mundo económico, su ideología, su militancia o su origen étnico.

(Septiembre) Estados Unidos. En un laboratorio de la Universidad Harvard se consigue construir una protocélula: una esfera con una membrana formada por ácidos grasos que puede guardar en su interior moléculas de ADN y que aporta un entorno adecuado para la replicación de ese ADN.

(6 de septiembre) Estados Unidos: Nacionalización de las entidades hipotecarias Fannie Mae y Freddie Mac debido a sus problemas derivados de las *subprime*. Estas entidades poseen casi la mitad de la deuda hipotecaria nacional.

(Septiembre) Estados Unidos: Quiebra (la mayor de la historia) de Lehman Brothers, uno de los cuatro grandes bancos de inversión estadounidenses.

(Septiembre) El presidente de la República Francesa,

Nicolas Sarkozy, afirma en Toulon que «hay que refundar el capitalismo sobre bases éticas, las del esfuerzo y el trabajo» y propone una cumbre de dirigentes de todo el mundo para buscar un nuevo sistema: «*Le laissez faire, c'est fini*», «No podemos gestionar la economía del siglo XXI con instrumentos del siglo XX»; también propone la reconstrucción del sistema financiero internacional partiendo de cero.

(Octubre) Va tomando forma la idea de realizar una conferencia internacional sobre la economía global al estilo de Bretton Woods.

(28 de octubre) El primer ministro británico, Gordon Brown, esboza las líneas sobre las que debería basarse la nueva «gobernabilidad financiera internacional»: 1) refundar el sistema financiero internacional, para lo que el FMI (organismo —técnico— que es parte de la gobernabilidad mundial) ha de disponer de los recursos necesarios para intervenir cuando sea necesario; para eso propone que China y los petroleros del Golfo entren en el FMI, lo que convertiría al FMI en el Banco Central del Mundo; 2) poner en marcha reformas a partir de conclusiones sacadas de la situación actual; 3) hacer lo necesario para que se recupere la confianza.

(Noviembre) Corea del Sur. Operación Daewoo. Se hace público que Daewoo Logistics Corporation se halla en conversaciones con el gobierno de Madagascar para obtener la concesión a 99 años de 1,3 M de hectáreas (la mitad de la superficie cultivable de la isla) para plantar 5 M de toneladas de maíz y 0,5 M de toneladas de aceite de palma para su uso como biodiésel (la tasa de pobreza de Madagascar es del 70%).

(Noviembre) En Italia el Estado pone en marcha la «carta social»: una tarjeta con un importe de 40 euros/mes que recibirán personas mayores de 65 años y familias con hijos de hasta tres años con una renta menor de 6.000 euros/mes, para comprar bienes de uso cotidiano.

(Noviembre) Se calcula que en Estados Unidos treinta millones de personas (casi el 10% de la población) comerá el mes siguiente gracias al Food Stamp Program.

2009 (Enero) El monto de la deuda pública ya emitida o en previsión de ser emitida por los Estados de todo el mundo a fin de financiar los planes de ayuda y reactivación alcanza récords históricos.

(Enero) Por vez primera desde la reunificación de Alemania una emisión de bonos realizada por el Estado no puede ser colocada en su totalidad.

(Enero) Nicolas Sarkozy, Angela Merkel y Tony Blair mantienen en París un encuentro sobre el «Nuevo capitalismo». Merkel dice que debería crearse una especie de consejo económico mundial que velara por la estabilidad del sistema.

(Febrero, mediados) Las autoridades monetarias de las distintas economías comienzan a ser conscientes de que no son suficientes los planes de ayuda y soporte desplegados hasta el momento a favor de las entidades financieras.

(Febrero) En Alemania, aprobación de una ley por la que el Estado podrá nacionalizar bancos en apuros si fracasan medidas previas que hayan sido tomadas a fin de evitar la suspensión de pagos que hundiría todo el sistema financiero. (De entrada expira el 30 de junio y está dirigida a nacionalizar el Hypo Real Estate, un banco al borde de la quiebra y que ya ha recibido ayudas estatales, pero nada impide que sea extendida y prorrogada.)

(Febrero) Estados Unidos exige al banco suizo UBS que revele el nombre de 52.000 tenedores de cuentas numeradas so pena de ser imputado como partícipe de evasión fiscal. Este hecho supone, en la práctica, el fin del secreto bancario.

(Febrero) El senador estadounidense Cristopher Dodd, presidente del Comité Bancario del Senado, declara que el Estado no descarta la nacionalización de la banca «durante un plazo corto».

(Febrero) En Europa son ya evidentes los graves problemas en varias economías del Este de Europa: Letonia, Estonia, Lituania, Hungría, Bielorusia y Ucrania.

(Febrero) El IPC de Estados Unidos a 31 de enero se sitúa en una tasa interanual del 0,0 %, el nivel más reducido en 50 años, lo que coloca a la economía estadounidense al borde de la deflación.

NOTAS

IRLANDA

1. Para que vayan pensando en el tema: no es lo mismo ir a peor cuando se padecen carencias básicas que cuando no se padecen, pero, a la vez, se vive peor ir-a-peor cuando se ha accedido a un estándar de vida medio-elevado que cuando se está viviendo e un entorno mísero y deprimido.

2. Tolpuddle Martyrs Museum, http://www.tolpuddlemartyrs.org.uk/story_frms.html.*

3. Angus Maddison, *The World Economy: Historical Statistics*, OCDE, Development Centre Studies, 2003.

4. Dólares internacionales de Geary-Khamis: números índice de valor muy semejante al de los dólares estadounidenses.

5. Maddison, op. cit.

6. Tan sólo considerando el crédito en tarjetas, cada ciudadano británico tenía una deuda de casi 4.500 libras a finales del año 2007 (*El País EP3*, 20 de febrero de 2009).

7. Fuente: Eurostat.

8. OECD Factbook 2008: Economic, Environmental and Social Statistics. http://puck.sourceoecd.org/vl=4185810/cl=23/nw=1/rpsv/factbook/ 020201.htm.

9. Euskal Estatistika Erakundea, http://www.eustat.es/elem/ele0004600/not0004668_i.html.

* Todos los links que ofrecemos funcionan en el momento de editar esta obra (febrero de 2009).

10. Andrea Rizzi, «El tigre celta se amansa», *El País Negocios*, 22 de junio de 2008.

JOAN VIOLET ROBINSON

1. *The Conditions of the Working Class in England in 1844*, 1845.
2. Charles Darwin, *El origen de las especies*, 1859 (hay varias ediciones).
3. Karl Marx, *El Capital*, vol. I, 1867.
4. Frederich Engels, *Socialismo utópico y Socialismo científico*, 1882.
5. Rico hombre de negocios en una charla haciendo referencia a la situación que se vivía en la ciudad de Nueva York. *Gangs of New York*, Martin Scorsese, 2003.
6. Líder agrícola estadounidense comentando el impacto de la mecanización de la agricultura en la década de 1920. Citado por Jeremy Rifkin, *The end of work. The decline of the global labor force and the dawn of the post-market era*, Tarcher/Putnam, Nueva York, 1995 (*El fin del trabajo*, Ed. Paidós, Barcelona, 1996).
7. Henry Ford, *My Life and Work*, 1923. Citado por Jeremy Rifkin, op cit.
8. William Beveridge, *Informe de la minoría*, 1909. Jesús Mota, crítica del libro de Nicholas Timmins *Los cinco gigantes. Una biografía del Estado del bienestar*, Ministerio de Trabajo y Asuntos Sociales, 2001.
9. John Maynard Keynes, *Teoría General del empleo, el interés y la moneda*, 1936.
10. Podría pensarse que los llamados «países socialistas» y las colonias que obtuvieron la independencia tras la segunda guerra mundial enfocaron su evolución económica y social al margen de lo dicho, los primeros, y sumidos en el subdesarrollo, los segundos; nada más lejos de la realidad. El conocido como «socialismo real», los países de economía planificada, pusieron en marcha un modelo que no dejaba de ser una variante del capitalismo: eran los Estados —en los que la población no tenía ni voz ni voto— los propietarios de los medios de producción, que eran administrados por una clase burocrática regida por

decisiones emanadas desde su seno; un decorado en nada semejante a un socialismo en el que el Estado está encarnado por el pueblo. A la vez, muchas antiguas colonias, hoy economías subdesarrolladas, durante la década de 1960 mostraban una trayectoria muy diferente a la actual, apuntando a ciertas posibilidades que la evolución de la geopolítica posterior acabó por desbaratar.

LA CAÍDA DEL IMPERIO ROMANO

1. El concepto de Estado actual no es romano. Fue diseñado en Francia por el rey Felipe IV el Hermoso en el siglo XIV a fin de eliminar la tutela que la Iglesia ejercía sobre el poder político.

«BROTHER, CAN YOU SPARE A DIME?»

1. Karl Marx y Friedrich Engels, *El manifiesto comunista*, 1848.
2. John Kenneth Galbraith, *1929: The Big Crash* (1954). Varias ediciones en español, entre ellas: Editorial Ariel, 2005.
3. John Kenneth Galbraith, op. cit.
4. Ibídem.
5. Tres son, fundamentalmente, las agencias calificadoras de todo tipo de riesgos en toda clase de operaciones nacionales e internacionales: Standard & Poor's, Moody's y Fitch.
6. Técnicamente, en Europa se produce una recesión económica cuando durante dos trimestres consecutivos el PIB experimenta un crecimiento negativo. En cualquier caso, y así es considerado en esta obra el término *recesión*, la evolución económica en estos últimos seis años justifica calificar de recesiva una economía o manifestar que ésta se halla en recesión cuando se produce una reducción muy significativa en su tasa de crecimiento, aunque ésta sea positiva, de tal modo que sea perceptible un empeoramiento en el estándar de vida de la población.
7. Dominique Strauss-Kahn, entonces ministro de Economía, Finanzas e Industria de la República Francesa, en una alocución durante la preparación de los presupuestos para el año 2000. *El País*, 20 de abril de 1999.
8. Laurent Fabius, entonces ministro de Economía de la Repúbli-

ca Francesa en un gobierno de coalición PSE-PC-Verdes, en 1999. *El País*, 1 de septiembre de 2000.

9. Jack Welch, entonces presidente de General Electric, comentando, en mayo de 2001, su estrategia de personal basada en el Ranking Forzado. Citado por Isabel Piquer, «Despidos casi anunciados», *El País Negocios*, 3 de junio de 2001.

10. Tony Blair, primer ministro británico, en la Asamblea Nacional Francesa el 24 de marzo de 1998. Citado por Vicenç Navarro, «Socialdemocracia sin clase trabajadora», *El País*, 22 de mayo de 2002.

11. Tony Blair, primer ministro del Reino Unido, en el congreso del Partido Laborista del año 2002, celebrado en Blackpool. Citado por Walter Oppenheimer, *El País*, 2 de octubre de 2002. (Las tres citas.)

12. Paul Krugman, catedrático de Economía en la universidad de Princeton, en su intervención en el Vigésimo Congreso Mundial de Cajas de Ahorros. Madrid, 21-23 de mayo de 2003. Citado por L. Aparicio en *El País*, 23 de mayo de 2003.

13. Paul Krugman, en el mismo congreso, citado por Fernando Martínez en *Cinco Días*, 23 de mayo de 2003.

LA CRISIS DEL 2010

1. Lo que viene a continuación fue desarrollado en una ponencia de título «PIB mundial y petróleo», elaborada por Santiago Niño Becerra, Lucinio González Sabaté y Jordi Cuadros Margarit, y presentada en la XXII Reunión de Asepelt, Barcelona, 18-20 de junio de 2008.

2. Para más información véase http://www.hubbertpeak.com/Hubbert/ y acceder a las múltiples referencias que se proponen.

3. El establecimiento de un pico para un país es muy complejo y siempre se establece a posteriori; Estados Unidos, en este modelo, habría alcanzado su pico en 1973, justo al inicio de la primera crisis de la energía. En consecuencia, calcular el pico de la producción mundial estará sujeto a la interpretación que se dé —y se quiera dar— a múltiples variables, incuso las políticas. Los cálculos hasta ahora realizados se mueven en una horquilla temporal que se extiende entre el año 2010 y el período 2040-2045.

4. Puede obtenerse información del congreso de la ASPO celebra-

do en Barcelona en la siguiente dirección: http://www.peakoil.net/aspo-conferences/aspo-7-spain.

5. Por ejemplo, los yacimientos descubiertos en aguas territoriales brasileñas en el año 2008 se hallan a tal profundidad que, con la tecnología actualmente disponible y al precio actual del crudo, su extracción se hace hoy imposible.

6. El crudo es fuente de tres grandes familias de elementos: combustibles, productos energéticos y algunas materias primas. Con respecto al primero, hoy no existe un sustituto verdaderamente efectivo y capaz de satisfacer la demanda. Para el segundo podrían establecerse alternativas ya probadas, como la energía nuclear, aunque el plazo medio de construcción de una central y la elevada inversión inicial que se precisa, así como el rechazo que provoca entre la población, convierte en una decisión política el uso de esta vía. Curiosamente al tercero es al que menos publicidad se ha dado, teniendo en cuenta que plásticos, fibras textiles no naturales, gran número de componentes presentes en medicamentos, lubricantes industriales, fluidos para circuitos hidráulicos, abonos y un gran número de productos esenciales en nuestras vidas tienen como base el petróleo, y lo cierto es que no existe sustituto para el crudo como materia prima de estos productos.

7. Previsiones recientes (Guseo, 2007) sitúan el máximo en 2007 y señalan que para 2019 se habrán agotado el 90 % de las reservas. «PIB mundial y petróleo», op. cit.

8. Elaboración propia a partir de: OCDE: World Economic Outlook, OCDE; Mundo: FMI; España: INE.

9. James Borkowski, vicepresidente ejecutivo de Industrial Microwave Systems Inc., comentando que su compañía, siguiendo los consejos de sus asesores financieros, no modificó sus planes para entrar en zona de beneficios en 2000, posponiendo esta fecha hasta 2001. *Cinco Días*, 21 de mayo de 1999.

10. Solicitud que, en innumerables ocasiones, era, en Estados Unidos, fruto de la tarea de convencimiento desplegada por agentes cuya remuneración consistía en una comisión por cada hipoteca solicitada y concedida.

11. La idea contenida en «gasto desmedido e insostenible» no debe ser contemplada desde una perspectiva ecológica o, al menos, no únicamente. El sistema partió de la base de que la cantidad de recursos de que podía disponer era ilimitada e inagotable (y, consecuen-

temente, a un precio muy reducido); en relación con el petróleo, por ejemplo, ningún problema se manifestó entre 1930 y 1973. Ello derivó en una demanda creciente y en un consumo poco eficiente, es decir, en una muy reducida productividad en el uso de los recursos, tan reducida que en numerosos casos el consumo ha derivado en desperdicio.

12. Calvino desarrolló el pensamiento luterano y lo adaptó a la vida cotidiana. La concepción individualista que subyace en la ética calvinista fue el germen de la concepción liberal que John Locke vertió en la filosofía de la Ilustración —«[Cada hombre] tiene propiedad sobre su propia persona [...]. El esfuerzo de su cuerpo y el trabajo de sus manos [...] son propiamente suyos [...]. Todo lo que consiga sacar del estado en que la naturaleza lo suministró y dejó, habiendo ahora mezclado en ello su trabajo, adjuntándole así algo que es suyo, lo convierte, por tanto, en su propiedad», John Locke, *Ensayo del Gobierno Civil* (1690)—, adoptada por la burguesía del siglo XVIII y soporte ideológico del sistema capitalista.

13. En última instancia, si ningún ente supraindividual debe controlar al individuo, éste debe ser quien controle el buen funcionamiento de la sociedad, pero aunque cada individuo —cada compañía comercial o industrial— pueda regular su propio entorno (autorregulación), los bienes colectivos —medio ambiente, calidad del aire, consumo de recursos— quedarán desprotegidos ante el principio que apunta hacia la búsqueda del desarrollo personal en todos los órdenes de la vida. Este principio esencial en el capitalismo tiene una aplicación diferente en cada una de las tres tendencias que ha adoptado el sistema: en la tendencia anglosajona prima la autorregulación; por el contrario, en las tendencias alemana y japonesa, el Estado adopta una postura mucho más intervencionista y reguladora, más aún en el caso de la Unión Europea.

14. El principio individualista no podía ser eliminado, ni siquiera podía ser suavizado. La propia evolución del sistema que buscaba la maximización del beneficio individual como meta sistémica tendía a exacerbar este principio al exigir el propio sistema beneficios crecientes, lo que llevaba a un creciente desperdicio de recursos y a la búsqueda de una mayor productividad que los ahorraba. Aplicado este proceder al factor trabajo, supuso para el mismo el inicio de una senda de precariedad contractual, remuneraciones tendentes al estancamiento y tasas de desempleo crecientes aunque encuadrables en el marco del de-

nominado «desempleo natural»: aquella proporción de la población activa que de forma natural permanecerá no ocupada al ser necesario que así sea a fin de que la oferta productiva no esté expuesta a tensiones inflacionarias: menos población ocupada generará una demanda menor que no tensionará al alza los precios de los factores productivos, lo que favorecerá a la oferta.

15. La crisis del 2010 se inscribe en la fase de declive del sistema, es decir, en los momentos en que ya se ha iniciado, primero, la definición de la nueva filosofía que dará forma conceptual al nuevo sistema y, segundo, la conformación de la estructura que caracterizará al próximo sistema; será a partir de la crisis de 2010 cuando se generarán los elementos que determinarán la nueva estructuración. Respecto a la filosofía del nuevo sistema, la Tercera Vía, desde 1995, y, sobre todo desde que en 1997 el New Labour alcanzase el control del gobierno en el Reino Unido, está anunciando el germen de los nuevos elementos filosóficos. La Tercera Vía, con su constante referencia a la responsabilidad, a que las personas deben ser responsables, a que las personas deben actuar responsablemente, a que cada persona debe actuar con responsabilidad, está poniendo sobre la mesa la idea de que no hay nada que, por encima de cada persona, vele a fin de corregir las desviaciones que con el tiempo se vayan produciendo; es decir, lo que la filosofía que subyace en la Tercera Vía está anunciando es un escenario en el que «cada palo deberá aguantar su vela» y en que el modelo de protección social, tal y como ahora lo entendemos, tenderá inevitablemente a la baja.

16. Los recargos fiscales impuestos en Estados Unidos a los bonus de la alta dirección de las entidades financieras intervenidas, la circunscripción de los variables percibidos por las directivas de las europeas receptoras de ayudas estatales a la obtención de resultados positivos, la prohibición temporal impuesta en varios países europeos y en Estados Unidos a la operativa bursátil en descubierto, suponen un indicio de un modo diferente de operar; al principio la imagen adoptada ha sido la de una mayor regulación, sin embargo, lo que esta mayor regulación está poniendo de manifiesto es una nueva operativa basada en los criterios técnicos mucho más que en los políticos.

17. El caso de España es paradigmático. Véase el «Anexo 1», tabla 1. Reducciones proporcionalmente igual de dramáticas fueron siendo aplicadas por los gobiernos de diferentes países y por instituciones internacionales.

18. Una de las características más peculiares del sistema capitalista radica en la fuerza de cohesión que mantiene unidos los elementos constitutivos del sistema y que permite la interrelación entre esos elementos manifestada en las relaciones económicas y sociales. Esa fuerza de cohesión es inmaterial e intangible: la confianza. Todas las personas, tanto físicas como jurídicas, que participan e intervienen en el sistema confían en que aquello que es objeto de negocio u objeto de intercambio será cumplimentado, satisfactoriamente, por parte de quienes intervienen en el negocio o en el intercambio. Una de las causas del progresivo empeoramiento de la situación será, precisamente, la progresiva pérdida de la confianza; y será en el subsector financiero, obviamente, donde antes y con mayor virulencia se manifiesta ya que es en el ámbito financiero donde mayores dosis de confianza son precisas.

19. De nuevo sirve España como ejemplo. Véase el «Anexo 1», tabla 1.

20. La Europa de «geometría variable» sería aquella en la que los países miembros no avanzarían a la misma velocidad debido a la existencia de diferencias estructurales irremediables. Planteada por Francia y Alemania en 1996, significaría una reinterpretación del Tratado de la Unión Europea, de forma que se introdujera una cláusula de flexibilidad a fin de que los Estados que lo creyesen oportuno pudieran desarrollar una cooperación reforzada a fin de avanzar más rápido en el proceso de integración. La propuesta fue diseñada para Estados, aunque puede muy bien ser aplicada a grupos de regiones transfronterizas de manera que pudieran crearse núcleos de desarrollo.

21. *Ilusión* en el sentido de querer algo por el mero hecho de quererlo, de desearlo, debido a que, en última instancia, algo así comporta un acto de consumo que puede ser no eficiente.

22. En términos políticos, no obstante, los mensajes continuarán apuntando al mantenimiento del gasto social.

23. Especialmente significativo es el impacto que se manifiesta en el gasto de ayuntamientos y municipios debido a la caída en los ingresos procedentes de impuestos y tasas. Este descenso está siendo más visible en los entes locales muy dependientes de la construcción, hoy prácticamente paralizada, caso de España, donde la caída media en los ingresos municipales superaba el 30 % en el otoño de 2008.

24. Entre enero y diciembre del año 2008 todos los mercados de valores, tanto de Europa como de América y de Asia, han visto como su cotización se ha ido derrumbando independientemente de las medi-

das que los gobiernos fuesen adoptando, con la particularidad de que los efectos beneficiosos de las medidas tenían una duración cada vez menor.

25. Nuestro sistema, en su actual manifestación: el modelo económico vigente se sustenta en un permanente «ir-a-más» obtenido a partir de un consumo creciente y continuado tanto de recursos como de productos acabados, consumo creciente financiado con otro recurso —el dinero— que ha sido considerado inagotable, pero que no lo es: el dinero, en cualquiera de sus manifestaciones, es un símbolo que materializa un valor que debe existir para que ese dinero sea real. Las manipulaciones crediticias hechas, sobre todo a partir de 1991, así como los procesos de ingeniería financiera realizados, fundamentalmente, a partir de 2003, han lanzado a la economía ingentes cantidades de dinero sin un soporte real que justificase su existencia, pero imprescindible para continuar con los crecientes procesos de consumo e inversión. En algunas economías la consecuencia de tal hiperconsumo ha sido la inflación, caso de España debido a su reducida productividad, pero en todas se ha alcanzado una situación de ruptura al quedar desconectada la economía financiera de la real. Desde una perspectiva puramente física, la situación se ha hecho insostenible, pero esa situación es la que estaba dando vida a nuestro sistema, de modo que su existencia dependía del mantenimiento de tal situación. En este punto el funcionamiento del sistema se ha hecho imposible, por lo que la salida es una crisis sistémica.

26. El planteamiento de políticas para la preservación de los recursos puede llevar a la limitación de sus ofertas independientemente de cuáles sean sus niveles de demanda, de tal modo que a efectos prácticos, la percepción será de escasez.

27. Experiencias como el muro de 84 m de longitud y 3 de altura con pasos vigilados construido en un barrio de inmigrantes de la ciudad de Padua a fin de aislar una zona de tráfico de drogas, la política de control de la etnia gitana puesta en marcha por el gobierno de Silvio Berlusconi, la valla de alta tecnología de más de 1.000 km en construcción por parte de Estados Unidos en su frontera con México y las maniobras militares desarrolladas por el Pentágono entre agosto y octubre de 2006 (Urban Resolve 2015) consistentes en que una coalición de fuerzas militares lideradas por Estados Unidos plantea una simulación de lo que, se entiende, será un escenario de combate típico en el horizonte del 2015: urbano, en barrios ultrapoblados y miserables, o

el ensayo efectuado por Estados Unidos en enero de 2007 del ADS (Active Denial System), un sistema que utiliza ondas calóricas para repeler multitudes a 500 m de distancia y que se espera se halle operativo en el año 2010, constituyen ejemplos de la tendencia hacia un mayor control de las libertades individuales.

28. El nacimiento del concepto de *Estado* tal y como hoy lo conocemos tuvo lugar en el siglo XIV y constituyó un elemento fundamental en la cadena de cambios que se produjeron al final de la Baja Edad Media; cambios cuyo arranque fue la modificación de los principios jurídicos existentes.

Al ir complicándose las relaciones políticas hacia el siglo XIII, la máxima del antiguo derecho romano «lo que agrada al príncipe tiene fuerza de ley» empezó a ser mirada con estima por los soberanos de la época, por lo que, lentamente, se fue asistiendo a un resurgimiento del derecho romano, así como a su difusión y estudio. (Su renacimiento puede fecharse en Bolonia, hacia el 1125.)

Pero el derecho romano perjudicaba abiertamente a los intereses de la Iglesia al representar la independencia del poder político del eclesiástico, y no sólo por la autoridad que otorgaba al príncipe, sino al constatar que el poder terreno era más antiguo que el de la Iglesia.

En 1302, el papa Bonifacio VIII promulga la bula Unam Sanctam, en la que desarrolló la «doctrina de las dos espadas»: los representantes del poder temporal tan sólo podían poseerlo y ejercerlo con derecho si tenían la autorización del papa, figura en la que Dios, el poder supremo, había confiado los poderes espiritual y temporal.

En Francia, para Felipe IV el Hermoso (1285-1314), embarcado en un proceso de reforzamiento del papel político del reino, la bula significaba un escollo debido a la enorme fuerza que lo religioso tenía en toda la sociedad. Por ello Felipe IV optó por fabricar un papado a su medida con el arresto de Bonifacio VIII, el nombramiento del arzobispo de Burdeos como papa —Clemente V— y el establecimiento del papado en Aviñón.

Con esta medida, Felipe IV antepuso la idea de poder central independiente a la de poder central legitimado por lo que el papa representaba (Ernst J. Görlich, *Historia universal*, Ed. Martínez Roca) en ese momento nace el concepto moderno de *Estado* y principia el declinar del papado como poder político-religioso necesario legitimador de poderes terrenales, final que llegó en 1338 cuando, en la reunión de los

Electores del Sacro Imperio celebrada en Rensen, se concluyó que el rey elegido no recibía su poder del papa, sino del mismo Dios.

La evolución de los Estados fue derivando hacia el desempeño de un papel necesario, sobre todo a partir de la firma de la Paz de Westfalia (1648) que puso fin a la guerra de los Treinta Años y que legitimó el derecho de los Estados a la existencia. Richelieu (1624-1642) y Mazarino (1643-1661) diseñaron una organización absolutista en la que el Estado era lo único importante, al que incluso la corona estaba subordinada. Luis XIV (1643-1715) dio un paso más al construir un absolutismo personalista: «L'état c'est moi».

Con el tiempo, esas estructuras, los Estados, fueron siendo vaciadas de contenido, sobre todo desde la deriva hacia la globalización iniciada a finales de la década de 1970. La crisis de 2010 acaba de limitar su necesidad al ir apareciendo estructuras mejor adaptadas a una situación postglobal: las corporaciones.

29. La dinámica seguida por el sistema a partir de 1991, acelerada a partir de 2001 y llevada hasta el extremo en 2003 adolece de un problema fundamental en un escenario de escasez de recursos como el que se planteará a partir del año 2010: su total ineficiencia.

30. En España, la denominada «prestación asisencial» podría ser considerada precursora de tal subsidio.

31. El desarrollo de una nueva fuente energética así como de nuevos combustibles y de los sustitutos de las materias primas y de los componentes derivados del petróleo se acelerará desde el mismo momento en que la crisis empiece a manifestarse: en el año 2008, por cada cuatro unidades de crudo que son consumidas en el planeta, tan sólo una es descubierta.

32. En España, construcción, automóvil, turismo, hostelería, restauración, así como subsectores vinculados: proveedores de la construcción y del automóvil, suministradores del turismo, de la hostelería y de la restauración; a la vez, todas las compañías cuya actividad se nutre de tales subsectores: aseguradoras del ramo del automóvil, suministro de carburante, certificadoras de obras, talleres de mantenimiento y reparación, concesionarios, empresas de construcción y venta de elementos para el hogar, mayoristas de elementos de hostelería, etc. Prácticamente el 45 % del PIB de España ha sido generado estos pasados años por dichos subsectores.

33. La dimensión del problema de la economía china se pone de

manifiesto al analizar las implicaciones de no poder alcanzar la tasa mínima de crecimiento que precisa: la economía china necesita crecer, como mínimo, al 7,0 % anual para asegurar la ocupación de la población activa que cada año se incorpora al mercado laboral.

34. La caída de las economías latinoamericanas ya era patente en el cuarto trimestre de 2008 al ir descendiendo los precios de las *commodities*, ya que todas estas economías se sustentan en su exportación. Tal caída está siendo muy significativa porque puso de manifiesto que la teoría del «desacople» —economías desvinculadas de la evolución de Estados Unidos y de la UE— se hace imposible en un mundo ya postglobal.

«THE WAY WE WERE»

1. Es decir, lo que verdaderamente resolvió la Gran Depresión fue una guerra de proporciones gigantescas —esto es, un gasto público de proporciones gigantescas— entre unas economías que disponían de un exceso de capacidad productiva.

2. El erróneamente denominado sistema comunista o, simplemente, comunismo nunca existió en realidad. En los países en los que nominalmente estuvo vigente, una clase burocrática sin vinculación alguna con el pueblo se hizo con el poder del Estado, secuestró el poder popular y se puso a planificar la economía y el funcionamiento de unos medios de producción cuyo propietario era ese Estado.

3. Es muy recomendable la lectura de *La cara oculta del petróleo*, de Eric Laurent, editado por Arcopress en el año 2007. El libro da una visión complementaria a la oficial, algo muy útil para abordar una aproximación al petróleo y a su mundo.

4. Acrónimo de Non-Accelerating Inflation Rate of Unemployment, es decir, la tasa de desempleo del factor trabajo más conveniente, en cada momento, para que la inflación sea lo más reducida posible. Lo que en el fondo significa la Nairu es el abandono de la reducción de la tasa de desempleo como objetivo: el desempleo debe ser el que corresponda para que la inflación sea lo más baja posible de acuerdo con la coyuntura económica del momento. Evidentemente, el concepto Nairu ya entonces fue muy poco políticamente correcto, razón por lo que su utilización en los medios de difusión general fue muy limitada.

5. *Offshoring* o *outsourcing* es la denominación técnica de la idea de deslocalización.

6. La técnica Just-in-Time, o «Justo a tiempo», busca organizar los procesos productivos de tal modo que a) el *stock* de materiales necesarios para acometer la producción de un bien sea cero, b) en el mismo momento en que se va a acometer la producción de cada bien se disponga de los elementos necesarios para acometerla, pero ha de ser en el momento, ni antes ni después, y exactamente en un número preciso, y c) el *stock* de productos acabados sea cero, de modo que, a medida que se finalice la fabricación de un bien, ése ha de ser expedido a su destino. La popularización del método se produjo con la política de la marca de ordenadores Dell: «Antes, Henry Ford fabricaba el coche y el cliente lo pagaba; ahora, el cliente paga el ordenador y Michael Dell lo fabrica» («Fabricar a medida y a precios razonables», *The Economist*, «Actualidad Económica», 17, 23 de abril de 2000).

7. *The end of work. The decline of the global labour force and the dawn of the post market era*; Tarcher, Nueva York, 1994 (*El fin del trabajo*, Ed. Paidós, Barcelona, 1996).

8. Fuente: Pedro Videla, «Irlanda, un ejemplo a imitar», *Cinco Días*, 12 de marzo de 2001.

9. Fuente: Mayte Ledo, «EE. UU. y el retroceso europeo», *El País Negocios*, 11 de marzo de 2001.

10. De un artículo de *Time* en el que analizaba las ocupaciones con futuro y las que retrocederán en importancia, en Ciberp@ís Mensual n.º 2, 29 de junio de 2000.

11. Tomado de Jeremy Rifkin, *La era del acceso*, Ed. Paidós, Barcelona, 2000.

12. http://urbanres.blogspot.com/2008/10/comparativa-historico-de-tipo-de.html.

13. http://www.federalreserve.gov/releases/h15/data/Monthly/H15_FF_O.txt.

14. London Interbank Offered Rate, el equivalente al europeo Euribor, aplicado en los mercados anglosajones aunque exportada su tecnología cuando empezaron a extenderse las hipotecas multidivisa.

15. Ídem nota 10.

16. http://www.bcra.gov.ar/estadis/es030201.asp.

17. Una extraordinariamente buena historia de la evolución de las hipotecas *subprime* puede leerse en este artículo de la revista *Forbes:*

http://www.forbes.com/2007/09/10/subprime-default-mortgage-pf-education-in_rb_0910investopedia_inl.html?partner=email.

18. Una sugerencia: accedan a esta página, http://www.imf.org/external/datamapper/index.php, e interactúen con el mapa.

19. «Yo he visto cosas que vosotros no creeríais. Atacar naves en llamas más allá de Orión. He visto Rayos-C brillar en la oscuridad, cerca de la puerta de Tannhäuser. Todos esos momentos se perderán en el tiempo como lágrimas en la lluvia. Es hora de morir», *Blade Runner*, Ridley Scott, 1982.

ESPAÑA

1. *Expansión*, 11 de abril 2007, citando a la OCDE y al Foro Económico Mundial.

2. Jean François Jamet, *Questions d'Europe,* n.º 45, 20 de noviembre de 2006.

3. Andreu Missé, «La factura energética se dispara por la fuerte dependencia exterior», *El País*, 14 de julio de 2008.

4. *El País* del 6 de julio de 2008, citando al Instituto Nacional de Estadística.

5. *Dossier Econòmic*, 4, 10 de octubre de 2008.

6. Elaboración propia a partir de Ángel Laborda, «De susto en susto», *El País Negocios*, 14 de octubre de 2007.

7. Caixa d'Estalvis i Pensions de Barcelona. Informe Mensual, julio-agosto de 2007.

8. *El País*, 30 de enero de 2008.

9. *El País*, 23 de junio de 2008.

10. http://www.meh.es/Documentacion/Publico/GabineteMinistro/Varios/16-01-09%20Programa%20de%20Estabilidad.pdf.

11. *El País*, 18 de enero de 2009, pp. 28-31.

EPÍLOGO

1. http://www.wikinvest.com/stock/Baltic_Dry_Index_-_BDI_(BALDRY)/Wiki.

2. http://www.english.uiuc.edu/maps/depression/photoessay.htm.

BIBLIOGRAFÍA

BACON, Francis, *Novum Organum*, traducción y edición de Peter Urbach y John Gibson, Paul Open Court Co., Corus Publishing, Peru, Illinois, 1994.

BEVERIDGE, William, «Social Insurance and Allied Services», 1942, en www.weasel.cwc.net/beveridge.htm.

CALVIN, John, *Institutes of the Christian Religion*, Bonham Norton, Londres, 1599, nueva traducción de Henry Beveridge, Wm. B. Eerdmans Publishing Co., Grand Rapid, Michigan.

DARWIN, Charles, *On the Origin of species by means of natural selection*, Murray, Londres, 1859, Edición de Gramery Books, Nueva York, 1976, Reimpresión a partir de: Penguin Books, Baltimore, 1968.

FRIEDMAN, Milton, *Price Theory*, Aldine de Gryter, Nueva York, 1976.

FUKUYAMA, Francis, *The End of History and the Last Man*, Avon Books, 1993.

—, *Our Posthuman Future: Consequences of the Biotechnology Revolution*, Farrar, Straus and Giroux, Nueva York, 2002.

KANT, Immanuel, *The Critique of Practical Reason*, Indypublish.com, 2003.

KEYNES, John Maynard, *The General Theory of Employment, Interest, and Money*, Harcourt, Orlando, Florida, 1964.

LOCKE, John, *Two Treatises of Government* (Incluye *Concerning Civil Government*), edición de Peter Laslett, Cambridge University Press.

—, *Essay Concerning Human Understanding*, Prometheus Books, Nueva York, 1994.

MARX, Karl, y Friedrich ENGELS, *Manifesto of the Communist Party* (1848), edición con introducción de Eric Hobsbawm, Verso, Londres, 1998.

—, *Das Kapital: A Critique of Political Economy*, Regnery Publishing, Inc., Washington D. C, 1999.

MONTESQUIEU, Charles de, *De l'esprit des lois*, Éditions Flammarion, París, 1999.

PIGOU, Arthur Cecil, *The Economics of Welfare*, 4.ª edición, Macmillan and Co., Londres, 1932.

RIFKIN, Jeremy, *The end of work, The decline of the global labour force and the dawn of the post-market era*, G.P. Putnam's Sons, Nueva York, 1994.

—, *The Biotech Century, Harnessing the Gene and Remaking the World*, Penguin Putnam Inc., Nueva York, 1998.

—, *The Age of Access: How the shift from ownership to access is transforming capitalism* (título posterior: *The Age of Access: The new culture of hypercapitalism where all of life is a paid-for experience*), Penguin Putnam Inc, Nueva York, 2000.

«The USA Patriot Act: Preserving Life and Liberty», 24, de octubre de 2001, en www.epic.org/privacy/terrorism/ hr3162. html. Versión comentada en www.lifeandliberty.gov.

ROUSSEAU, Jean Jacques, *Du contract social ou Principes du droit politique*, Union Général d'Éditions, París, 1963.

SCHOPENHAUER, Arthur, *The World as Will and Representation*, Dover Publications, 1966.

SHELLEY, Mary Wollstonecraft, *Frankenstein; Or, the Modern Prometheus*, Oxford University Press Inc., Nueva York, 1969.

SMITH, Adam, *An Inquiry into the Nature and Causes of the Wealth of Nations*, Random House, Nueva York, 1994.

SPOCK, Benjamin, *Common Sense Book of Baby and Child Care*, 1945. Edición revisada y actualizada: Benjamin Spock y J. Parker, *Dr. Spock's Baby and Child Care*, Simon & Schuster Inc, Nueva York, 1998.

The Great Depression and The New Deal, www.bergen.org/AAST/Projects/depression.

The New Deal Network, Franklin and Eleanor Roosevelt Institute, http://newdeal.feri.org.

Para la composición del texto se han utilizado tipos de la familia Sabon,
a cuerpo 12 sobre 14. Diseñada por Jan Tschichold en 1967,
esta fuente se caracteriza por su magnífica legibilidad y sus formas muy clásicas,
pues Tschichold se inspiró para sus diseños en la tipografía creada
por Claude Garamond en el siglo XVI.

Este libro fue maquetado en los talleres gama, sl.
Fue impreso y encuadernado para Los libros del lince por Thau, S.L.,
con papel offset ahuesado de 80 gramos, mano 1,5,
de la Papelera del Oria, Guipúzcoa,
en Barcelona, junio de 2009.

Impreso en España / *Printed in Spain*